Ricardo Bofill
ESPACIO Y VIDA

Con la colaboración de
Jean-Louis André

Versión de Mauricio Wacquez

Ensayo

TUS**Q**UETS
EDITORES

Título original: *Espaces d'une vie*

1.ª edición: mayo 1990

© Éditions Odile Jacob, Septembre 1989

RICARDO BOFILL

Nació en Barcelona en 1939. Cursó estudios de arquitectura en Ginebra, Suiza. En 1963, de regreso a Barcelona, creó lo que poco después sería ya el Taller de Arquitectura. Tras proyectos ya muy ambiciosos como La Ciudad en el Espacio y Walden 7, inició a partir de los años setenta un período de expansión y desarrollo de nuevas ideas con proyectos a muy gran escala en Francia y en el resto del mundo. Hoy, el Taller tiene estudios también en París, Montpellier, Nueva York y ramificaciones en varias otras ciudades. En Barcelona, Bofill y el Taller trabajan en la actualidad en el Instituto de Educación Física, la reestructuración del aeropuerto, un conjunto de viviendas en la Villa Olímpica y el Teatro Nacional de Cataluña. En el extranjero, construyen desde edificios públicos hasta viviendas en Estocolmo, Burdeos, La Haya, Bruselas, París, Metz, Moscú, Chicago y Houston.

Indice

significación − De la lengua al estilo − La ambigüedad
del estilo − La huella local − La marca de una personalidad

Construir

Para el equipo del Taller,
que constituye la realidad de mi oficio de arquitecto

Nómada, sigo siendo un nómada. Un viajero sin puerto de abrigo, obligado a fijar sus puntos de referencia según su recorrido.

Nací en Barcelona, de padre catalán y madre veneciana. Es decir, en la encrucijada de dos culturas que se enfrentaron y mezclaron a través de la historia. Cuando se ha crecido en Cataluña durante el régimen franquista, uno tiene pocas posibilidades de elección. Se sueña con la libertad y los grandes viajes. Por eso, mis sueños de adolescente siempre estuvieron teñidos de amargura: tenía la impresión de habitar un país aparte, alejado de todos los acontecimientos sociales o culturales de nuestra época, con la intolerable sensación de vivir relegado en un suburbio de Europa.

Me fui en cuanto pude.

Primero al sur. Andalucía, con sus colores, sus volúmenes simples, el matrimonio del Islam e Italia bajo el vibrante sol del mediodía. Fue mi iniciación en la luz. Ahora, cuando estoy allí, me siento siempre como en casa.

Después crucé el Mediterráneo. En el valle del Dra, en Marruecos, descubrí pueblos hechos de cubos apilados, construidos día a día siguiendo

11

el ritmo del crecimiento de las familias y, sin embargo, misteriosamente ordenados.

Alrededor, el desierto. Las extrañas formas que adoptan las dunas, transformadas sin cesar por fuertes vientos, se me aparecen como los elementos esenciales, aunque subyacentes, de todo cuanto podemos dibujar. Las rosadas arenas del Teneré, recortadas contra el cielo azul índigo, los espacios infinitos de rocas y piedras, fueron mi iniciación en la belleza absoluta.

Allí también encontré hombres. Varios de estos nómadas, que viven en una civilización totalmente ajena a la mía, se convirtieron en mis amigos. Descubrí en ellos a los mejores conocedores del espacio. Debido principalmente a que necesitan moverse y orientarse constantemente, a que necesitan leer el paisaje y transformar las formas naturales en puntos de referencia. Además, en ese paisaje casi estático, el tiempo es también una categoría parvamente perceptible, cuyas variaciones, mutaciones y ritmos son vividos por esos hombres de una manera casi orgánica: deben saber interpretar la relación de la sombra y la luz, espléndidos cuando el fuego del cielo no perdona ni siquiera unos metros de error. Asimismo, esos hombres oscuros me enseñaron una filosofía, un modo de vida condicionado por los elementos de la naturaleza que se teatraliza como una fatalidad griega y tiende a fundar de nuevo la belleza. Esto es lo que se define finalmente como la esencia de todo proyecto artístico y, por ende, de toda obra de arte. Propuesta que también es la razón de ser más acabada del clasicismo, en el sentido de que nada se halla completamente acabado, aun cuando aparentemente se crea lo contrario. El clasicismo es «incompletitud» —es ausencia de satisfacción— pues se cumple en el anhelo, en el proyecto, en un sentido vectorial de la obra. Además, esos hombres me hicieron conocer su supremo sentido de la elegancia, esa elegancia que nada tiene que ver con la riqueza. Para ellos, el gesto más trivial, el más mínimo pliegue o el más leve riso de unas telas son, simplemente, hermosos.

Estaban mis hermanos del sur, pero el norte seguía siendo para mí tierra extraña. Descubrí París. Una ciudad a veces desmesurada, fuertemente trazada, cubierta por un cielo demasiado gris y que durante mucho tiempo me fue ajena, como ajenas y desconcertantes me resultaban sus costumbres sociales. Con el tiempo, abrí allí un taller. En París he vivido y he tenido un hijo. La ciudad ha comenzado a serme familiar.

Me faltaban Dinamarca, Suecia, Holanda, los Estados Unidos, cuyos secretos mecanismos he intentado después desentrañar. Pero todo llevado a cabo como ciudadano de la periferia. Ya que es verdad: Cataluña no es un centro. Es quizás un trampolín, una articulación, una rótula, un nudo de información que permite entender el norte y el sur y que da acceso a la trama general del territorio. Si hubiera nacido en Londres, en París o en Nueva York, hubiera estado en un plano de igualdad, en los primeros lugares de la parrilla de salida, en la carrera internacional. Pero Cataluña, con todo lo excéntrica que es, tiene al menos la ventaja de aventar las ilusiones: tal vez sea ne-

13

cesario provenir de la periferia para saber escuchar. ¿Cómo abrirse al mundo si se tiene la certeza de vivir en su centro?

Mis orígenes catalanes, periféricos, me hicieron más disponible, más atento a las civilizaciones alejadas del centro, por lo que resultaron esenciales en mi oficio de arquitecto.

Y ello debido, por supuesto, a que esta disciplina se apoya en la lectura de los paisajes que se remonta al inconsciente de las gentes que los pueblan. Una ciudad suministra todo tipo de información: uno puede conocer la estructura de la propiedad a través del tamaño o la decoración de las casas; la relación entre pobres y ricos a través de la distribución de los barrios; el estilo de vida, extrovertido o introvertido; también el valor que una comunidad atribuye al encuentro; o el contraste entre palacios y chabolas; la expresión triunfante de los rascacielos consagrados al culto del ego; los ordenados y simétricos monumentos «a la francesa», siempre teñidos de solapadas ambiciones políticas; en fin, los patios de ciertos palacios orientales, preservados de las miradas indiscretas del transeúnte, pertenecientes a una civilización que prefiere la observación, el juego de las miradas y la imbricación de las pasiones.

Ser arquitecto significa saber entender el espacio organizado por el hombre, decodificar los comportamientos y movimientos espontáneos de una población y, además, percibir las necesidades de cambio que ésta pueda expresar inconscientemente. Es preciso localizar estas carencias para poder aportar una contribución propia.

14

Pero para leer cada gesto como un signo es necesario sumergirse totalmente en una cultura, descender a los detalles más nimios, conservando al mismo tiempo la exterioridad de la mirada. En este aspecto hay dos modos de ser arquitecto. Uno tradicional —el de Gaudí, cuya mirada abarcó un territorio perfectamente acotado, o la de Palladio, que a lo sumo viajó de su Vicenza natal a Venecia—, y otro más contemporáneo y que implica el riesgo de ser arquitecto del mundo, modo que no carece de mérito ya que conlleva un riesgo y un desafío. La vida que me impone la multiplicación de proyectos en los cuatro rincones del mundo, entre Boeings y hoteles, carece tal vez de la poesía recoleta de Palladio pero tiene la ventaja de lavar mi mirada después de cada viaje.

Todo lo anterior se ha referido a recorridos espaciales. Empero, ese mismo trayecto debe llevarse a cabo a través de la historia. Como ya observó André Malraux, vivimos en la época del museo imaginario, donde coexisten sin colisionar el barroco y el clasicismo, el romanticismo y el surrealismo. Actualmente ha pasado ya la hora de los debates de estilo, como los que ocurrían en las escuelas que excluían ceremoniosamente a los discípulos disidentes. En una sola y misma obra es posible reconocer influencias distintas sin por ello tener que cambiar el objetivo del proyecto. Dentro de una obra de creación se pueden utilizar elementos diferentes heredados de épocas pasadas, sin tener que realizar necesariamente un *collage*. También en esto, el arte consiste en saber interiorizar los elementos formales que pertenecen a

15

la obra conservando al mismo tiempo la indispensable distancia crítica. En este proceso no existe un domicilio fijo, sino múltiples oasis, altos en un camino histórico, semejantes a paradas de postas. Si estas pausas se convierten en un proceso consciente quiere decir que el artista las controla y posee un dominio de su propio proceso de creación. En mi caso personal, éste tuvo como centro la arquitectura. Más que una advertible elección, se debió a una cuestión de origen. Mi padre es constructor y de niño me llevaba a las obras. De él aprendí la artesanía del ladrillo, la construcción de la escalera catalana y de la bóveda, y el empleo de la cerámica como elemento constructivo. También en ese tiempo me hablaron del antepasado de la tribu, cuyo nombre y apellido llevo, y que construyó la catedral de Gerona. Parece que era un hombre con los pies en el suelo, pues se dice que, debido a falta de dinero, dotó de una sola nave la catedral, logrando así un espacio abovedado de impresionante tamaño.

En el trabajo a pie de obra descubrí un universo que difícilmente podría enseñarme la universidad. Hablando con los capataces, traté de comprender/aprender la forma en que lograban sostenerse los ladrillos en lo alto de una chimenea de remate helicoidal. Contrastaba mis primeros dibujos con esa realidad. Asimismo, procuraba captar los límites de la manufactura, del «saber hacer», sintiéndome muchas veces impotente para superar la tradición. De vez en cuando me arriesgaba a proponer nuevas formas basadas en simples razonamientos lógicos. Con resultados diver-

16

sos: unas veces se venían abajo, otras funcionaban.

En un plano más personal y humano, los trabajadores de las obras me causaban una gran admiración cuando los veía afanados en lo alto de los andamios, cargados de ladrillos, dando forma a unos planos de los que no eran autores. Esos mismos obreros me hablaban al acabar el trabajo, en los cafés, de una guerra perdida, de una derrota que de alguna manera hice mía y que se convirtió para mí en otra iniciación.

La política, como el colegio o el servicio militar, reforzaron en mí esa doble sensación de estar al mismo tiempo allí y en otra parte. En mis recuerdos más lejanos —debía de ser el año 1951, durante la primera huelga que marcó el inicio de la resistencia social al régimen de Franco—, recupero a un chico de once años, yo, que quería comportarse como los mayores y se empeñaba en sacarles los troles a los tranvías. A los dieciséis años, al ingresar en la universidad, fundamos con un grupo de amigos el primer sindicato libre de estudiantes, cosa que constituía una abierta provocación al régimen. Frecuentaba a los estudiantes comunistas, que por entonces eran los únicos que estaban realmente organizados. Junto a mi generación, apoyé la transición democrática española y en 1976 me desinteresé de toda actividad política. Y ello con la intención de recuperar definitivamente mi individualidad y adquirir así una visión personal del mundo. Es decir, durante un tiempo me interesaron los mecanismos de la resistencia y la toma del poder; luego, debido a que

17

todas las ideologías me parecían parciales y los políticos poco creativos, rehusé, siempre que pude, tomar parte activa en la política. Por lo tanto, había en mí una voluntad de comprender y, al mismo tiempo, un deseo de colocar las cosas en su verdadera perspectiva. La práctica de la arquitectura nació, qué duda cabe, de este desdoblamiento de mi carácter.

Razón por la cual el servicio militar me resultó más penoso que una cárcel. La diferencia con ésta, radicaba, en tiempos de Franco, en que los prisioneros, sobre todo los políticos, podían conservar su propia identidad. La cárcel de Barcelona, por ejemplo —una construcción modélica, construida en forma de estrella como una utopía del siglo XVIII—, es un espacio hermoso y en el que no se llevaba a cabo el proceso de desintegración de la personalidad con el que se pretendía doblegar al individuo, en el regimiento militar, donde no estaba permitida la más mínima rebelión. Había que seguir al grupo, marchar al mismo paso. Sólo de vez en cuando podía huir del cuartel, una fortaleza emplazada en lo alto de la isla de Menorca. Bajaba hacia el mar que azotaba las rocas y allí recuperaba la sensación inmutable del espacio.

De todas estas rebeliones, he conservado algunas fobias. Por ejemplo, me resulta imposible hacer cola delante de un cine. Me ahogo. No puedo mantener una red de relaciones mundanas. Cuando tengo que participar en un rito, en cualquier ceremonia, me siento incómodo. Aunque, en lugar de rechazar en bloque todos los sistemas,

18

he procurado conocerlos y, de este modo, usarlos y ponerlos a mi servicio.

Convertirse en arquitecto y construir requiere superar la postura del espectador, del analista de las conductas sociales. Se trata de asumir el punto de encuentro de nuestra propia personalidad y los diferentes contextos de la realidad. Por eso, es necesario adquirir un gran rigor metodológico.

No creo en el mito de la inspiración pura, del hálito delirante, de la visión alucinada de un mundo al alcance de la mano. El talento, incluso el genio, existen, pero se apoyan en una trayectoria que se afirma día a día. ¿Cómo entonces separar lo esencial de lo accesorio si no se está convencido de la orientación de la propia búsqueda?

Por consiguiente, el objetivo de este libro será triple: primero, tratará de mostrar cómo se opera en mí esa gestión de la creación. Una gestión que ha pasado por la organización de mi personalidad, por el establecimiento de un vínculo entre mis diferentes proyectos, aunque también por la profundización del marco político, administrativo y financiero, indispensable para entender el ámbito de dicha creación.

Una vez establecido este ámbito, intentaré seguir el recorrido del nómada que soy desde el punto de vista vocacional. De la arquitectura vernácula al clasicismo, de la artesanía a los procesos industriales más sofisticados, explicando cómo se ha formado mi estilo y qué hay que entender por estilo.

Este análisis de mi actividad no sería completo sin una reflexión sobre el poder que nos proporciona la tradición. Un arquitecto no es Dios, aun cuando Dios, a veces, tome prestado de él, metafóricamente, su arte. Pero no por ello tiene el arquitecto menos responsabilidades, responsabilidades que es preciso conocer para poder asumirlas mejor.

Las últimas décadas han constituido un desastre para nuestro hábitat. Sabemos construir ciudades, pero hemos olvidado el arte con que se embellecían nuestros centros históricos. Hemos inventado materiales nuevos, pero las edificaciones siguen exhibiendo su sempiterna fealdad. Las construcciones en los suburbios de nuestras metrópolis son sólo contaminación urbanística. Así pues, ya es hora de volver a pensar el mundo en términos arquitectónicos.

Para ello, el arquitecto tiene que recuperar su lugar en el seno de lo cotidiano, respetando, claro está, del orden económico y comercial. A él, como artista, le corresponde evitar los malentendidos y las sacralizaciones apresuradas. Las páginas que siguen no tienen otra ambición.

Poder

Poder

La arquitectura es un oficio curioso: lleva firma, pero sólo se practica en equipo; es una creación artística, pero se realiza dentro de mecanismos económicos, políticos y administrativos. Aquí no existe la soledad del creador, la de la torre de marfil o la habitación vacía. O mejor, no existe más que en un momento: el de la creación propiamente dicha. Esta es compleja; pero no basta. Antes y después, todo se juega sobre el terreno. Un pintor termina su trabajo con una última pincelada; un escritor pone un punto final a su libro. Durante todo el proceso de elaboración de la obra, no han seguido más que su propia inspiración.

El arquitecto, en cambio, antes incluso de ponerse a trabajar y aún después de haber concebido el proyecto, tiene que escuchar y observar el entramado social y económico que lo rodea.

Por lo tanto, tiene que responder a las expectativas de los usuarios al tiempo que prosigue su investigación y la integración de su universo estético. Aquí el público es soberano porque una obra, aunque haya sido encargada por un particular, se inscribe en un paisaje que, éste sí, es público. Y más urgente aún es la demanda del cliente que ordena, paga y quiere que lo sirvan en consecuencia. Esta es una exigencia vieja como la disciplina, notada ya por Vitrubio y después por los grandes maestros del Renacimiento. «Si es posible, habrá que prestar más atención a la condición del amo deseoso de construir que a sus riquezas, y hacerle un alojamiento justo y adecuado a su calidad. Aunque con frecuencia sucede que el arquitecto se ve obligado a seguir más bien la fantasía de quien quiere construir, que las reglas y consideraciones dictadas por su juicio», observaba Andrea Palladio en sus *Cuatro libros de la arquitectura*. Palladio sabía muy bien lo que decía porque había viajado de Padua a Vicenza, en el apogeo de una nueva burguesía comerciante, para construir las villas de los notables en busca de respetabilidad y comodidad.

Sin embargo, durante el Renacimiento las reglas del juego seguían siendo relativamente claras. En su tratado, Palladio podía permitirse el lujo de separar la construcción de las casas individuales de la de los edificios públicos o incluso de la de los templos. Cada categoría de clientela estaba inventariada, era identificable. Actualmente, este tipo de instrumentación se ha hecho muy complejo. El cliente, la persona física, ha dejado a menudo su lugar al mercado. ¿Para quién se construye? En un momento de operaciones inmobiliarias financiadas por promotores sin rostro; en un momento en que las sociedades de economía mixta asocian el Estado, los ayuntamientos y los particulares; es decir, en un momento en que los proyectos globales mezclan despachos y servicios, viviendas y oficinas, esta pregunta ya no tiene una respuesta inmediata.

Entonces hay que plantearse el problema de otra manera. Para el arquitecto ya no se trata de construir una iglesia, un palacio real o una morada lujosa, sino más bien de articular su creación entre el Estado, los constructores, los inversores y los promotores, que, por lo general, están vinculados a bancas internacionales.

Aquí primará la política; allá, el poder financiero. Pero, de todos modos, cualquier proyecto de envergadura pasará por la dosificación de estos tres elementos, otrora separables: el dinero, la política y la reserva natural de los gestores.

El problema consistirá en preservar la firma, a pesar de estas restricciones múltiples, o más bien gracias a ellas. Para lo cual es necesaria la determinación que sólo proporciona una visión lúcida de los propios proyectos.

Mi llegada a Francia se saldó con dos fracasos: la Petite Cathédrale de Cergy-Pontoise fue prohibida; la construcción de los primeros edificios de Les Halles fue interrumpida brutalmente por el nuevo ayuntamiento de París. Yo llegaba de Cataluña. Ignoraba que en el país de Descartes, el Estado y la administración tienen poderes particulares. Hoy, por ejemplo, construyo en Montpellier, Metz y París. Los mecanismos políticos me son más familiares.

En los Estados Unidos, en Moscú, he tenido que reanudar ese aprendizaje, redefinir un marco dentro del cual poder inscribir el hecho creativo. Cada vez, el encuentro con los financieros y los políticos ha resultado más determinante. No para dejar que me dictaran sus criterios, sino, al contrario, para ver cómo podía entenderme con ellos conservando el espacio de libertad necesario para la realización de proyectos importantes.

Porque no hay obra sin una primera construcción: la de la propia personalidad, sus fantasmas y su memoria; después viene la construcción del marco, sin el cual el gesto y el talento no son nada.

Una locura controlada

El descubrimiento de una locura

A menudo me pregunto qué fue lo que me empujó un día hacia el oficio de arquitecto. Lo hago sin complacencia pero sin pudor, porque no soy de los que corren sobre su vida privada el velo de la falsa vergüenza. En estos casos, como siempre, los elementos que encuentra la memoria son múltiples, fragmentarios. No obstante, tienen un punto en común: el odio a las barreras, a los límites. La necesidad de conocer otras civilizaciones, correr riesgos, ir más allá de lo ya dado.

Tal vez en el origen haya una obsesión, casi una enfermedad: la de los grandes espacios vacíos. Me siento mal en una casa burguesa tradicional, atestada de estatuillas y cortinas. Siento casi un miedo pánico, la impresión de ser agredido por el mundo de los objetos. Es la consabida angustia de un claustrofóbico.

Para crear necesito grandes cuartos blancos, muros vírgenes sin grabados ni planos que puedan detener mi mirada. Para recuperarme necesito esos momentos de plenitud que proporciona el infinito del desierto o el mar.

Ya he mencionado el sentimiento de ahogo

que, en mi juventud, me produjo Cataluña. Pensando en ello, veo que no le reprochaba a este país sólo el haberme hecho nacer lejos de París, de Nueva York o de uno de esos centros resplandecientes que me parecían la clave de la alquimia creadora; lo encontraba además demasiado pequeño, demasiado estrecho.

Pero no sabía analizar mi sentimiento. No conocía ninguna otra cosa. Después, he visto las tierras quemadas de Afganistán o los espacios sin horizontes del Teneré. Cuando regresaba a Barcelona comprendía por qué, a veces, Cataluña podía parecer tan exigua. En ella hay de todo: barrancos, arroyos, caminos, bosques, ríos, ciudades... De todo, pero en escala reducida.

Con el tiempo vi esos mismos barrancos, esos arroyos y caminos, esos bosques, ríos y ciudades en otras partes. A otra escala. Y comprendí la naturaleza del malestar difuso que padecí en mi infancia: las formas de mi país natal no me satisfacían; su escala me dejaba siempre frustrado. Necesitaba espacios más vastos.

Lo que me atrae es la luz que atraviesa el espacio. Esa entrada en el infinito.

Como decía Charles Baudelaire, hay días bajos y plúmbeos en que el cielo de París pesa como una lápida. Y en que odio la ciudad.

Luego, otros días, la cortina de plomo se rasga. El sol, ya bajo, brilla sobre las gotas de agua. Una luz rasante, que no he encontrado en ninguna otra parte, baña los muelles del Sena y las fachadas del Louvre. Es como una escenografía: el techo de nubes brilla, iluminado desde

28

abajo. Hay colores nuevos, pero también nuevas dimensiones. Desgarrones hacia el más allá. Entonces amo la ciudad.

En esta claustrofobia puede encontrarse el origen de algunos elementos de mi estilo. Verdad es que compongo de buen grado grandes unidades, que me gusta construir monumentos de desmesura. No me gustan mucho los objetos pequeños, y la decoración de interiores —por otra parte, ejercicio necesario para un arquitecto— sólo me interesa en la medida en que está ligada a un proyecto global: por ejemplo, concebir los muebles y los tejidos de oficinas integradas en un edificio realizado enteramente por mí; unir lo pequeño, el detalle, a un conjunto que lo supera. Pero nada me satisface más que la organización de espacios vastos, que a veces pueden llegar incluso a ser barrios enteros de una ciudad. Tal vez sea una venganza por esa hambre de espacio heredada de la infancia.

Vale más decirlo desde el comienzo: no hay arquitectura si no se experimenta, primero, un placer muy físico, muy sensual, del espacio. Así como otros vibran ante los sonidos o los colores, yo siento en lo más profundo de mi ser la calidad del espacio que me rodea.

Cuando estoy en el desierto, miro cómo pasan las horas; la luz blanca de la mañana, que da brillo a las formas; el aplastamiento absoluto del mediodía, cuando los seres y la roca, privados de su sombra, quedan reducidos a sus volúmenes simples. Después, el sol de la tarde, que le otorga la silueta de un gigante al guijarro más diminuto sobre la arena... En otra ocasión, me hallo en alguna parte de la Costa Brava, en uno de esos días de pleno verano que amo con amor de adolescente. Allí también observo el curso del sol, los destellos de las olas que pasan en torno a mí. Después, es un día de invierno en que permanezco fascinado, durante horas, frente a un fuego que danza...

Son sensaciones de la misma naturaleza que las que experimento ante la intersección de dos naves de una catedral gótica. Quedan olvidados el trabajo de los vitrales, la calidad de las esculturas, la belleza de la construcción o el arte de esculpir la piedra. No hay más que ese espacio penumbroso, idéntico a sí mismo y sin embargo siempre distinto, al que hacen vibrar algunos rayos de luz. Idéntico y siempre distinto: éste es el punto que comparten el fuego, el mar, el desierto o las columnas de un templo que, miradas desde el interior, recortan fragmentos de paisajes. Amo esos espacios aparentemente repetitivos en los cuales se desliza, como una nimiedad, un suplemento de tensión, una variación mínima.

En mi proceso creativo, he pasado por dos períodos: comencé por gritos de rebeldía, por gestos a veces desordenados. Hoy trato de organizar esa cualidad del espacio que, por lejos que me remonte en mi memoria, me ha procurado placer. Aquellos que puedan pasar un día en una barca o sobre una duna sin aburrirse, comprenderán sin duda mi necesidad de reelaborar, hasta la obsesión, de un proyecto a otro, las mismas formas, los mismos espacios; sentirán tal vez la tensión entre una calma aparente, necesaria cuando se construye para otros, y un juego casi imperceptible, un desfase relacionado con la normalidad y la tradición que procuro introducir cada vez. Hay personas dotadas —o educadas, ¿quién sabe?— para el espacio, y otras para quienes éste les será para siempre hermético.

Construí la columnata de Cergy-Pontoise. En ese semicírculo voluntariamente repetitivo puede apreciarse las diferentes vibraciones de la luz que producen las columnas, más o menos separadas entre sí; se puede amar la figura geométrica, el círculo sobrepasado, que forma la media luna; se puede estudiar el trabajo que he realizado en base a un vocabulario clásico. Pero todo ello no es nada si no se percibe desde el principio una línea simple que delimita un espacio en cuyo centro se alza otra línea, la columna de Dani Karavan que, precisamente porque está ligeramente inclinada, confunde nuestras asociaciones mentales familiares.

De la misma manera, al entrar en el auditorio que construí en Metz en 1988, podrá observarse los estucos, el refinamiento de los revestimientos de madera de los muros; la forma especial de ese auditorio sin escenario en el que las graderías se elevan, a uno y a otro lado de la orquesta, siguiendo inclinaciones desiguales. Pero todo esto no es nada, y habré fracasado en mi objetivo, si no se experimenta desde el comienzo la magia de un espacio perfectamente lleno de música; si no se siente, cuando se elevan las primeras notas de Rostropovich, una sensación semejante, sin duda, a la que se percibe en casa al escuchar un disco,

31

en la Opéra de París o en el Palau de la Música de Barcelona, aunque, al mismo tiempo, irreductiblemente distinta.

En el fondo, nunca he sido más que un constructor del vacío.

La columnata de Cergy

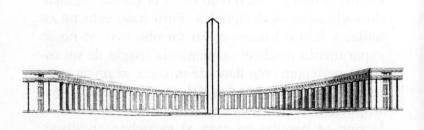

Por lo tanto, lo que me interesa es el límite. El límite de un espacio vacío, como, por ejemplo, el que acecha constantemente a nuestra razón. Durante mucho tiempo me sentí fascinado por la locura. En los años sesenta, tuve la suerte de que un amigo psiquiatra me invitaba a conocer a algún paciente que juzgaba interesante. Nos dejaba solos y pasábamos horas hablando de él. Yo trataba de penetrar el inmenso secreto de un desorden que, en el fondo, no difiere mucho del nuestro. Todo ese material —delirantes que construían discursos hechos de la asociación contrapunteada de cuatro o cinco temas; maníacos depresivos, que para eludir la angustia se fijaban en un determinado punto, instalándose cómodamente en él— constituyó la base de una película, *Skizo*, muy experimental, que realicé en 1970. Además de recoger estas distintas experiencias, la relación directa con la locura me enseñó a leer en mi propia vida.

Seguramente porque yo mismo conocí las crisis de la personalidad, las obsesiones que marcan las distintas edades de una vida: la pubertad, el descubrimiento de la muerte el día en que vi desaparecer a mi hermano, las dudas sobre la creación. Pero en cada una de esas ocasiones supe controlar la experiencia. Incluso el eludir los ataques de la locura puede suscitar sentimientos de culpabilidad.

En contacto con los casos límite de aquellos que realmente habían pasado la frontera, com-

33

prendí cuánto podían aportar a mi propio universo psicológico y creativo. A los discursos de los delirantes les falta poco para ser magníficos poemas; a las obsesiones de los maníaco-depresivos les falta poco para convertirse en brillantes investigaciones científicas. Tal vez sencillamente un punto de apoyo en la sociedad que les permitiera, a ambos, respetar las convenciones sin las cuales toda comunicación se hace imposible.

Yo tenía la suerte de flotar entre la «normalidad» y la interferencia de la razón. Este desdoblamiento me permitiría explorar zonas de sombra y ser a la vez actor y espectador. Como ha dicho Federico Fellini, la creación se inscribe entre períodos de crisis que obligan a ir más lejos, a descubrir otras problemáticas.

Cuando logré admitir esto, todo se transformó en mi cabeza. Ya no he buscado el desorden, sino la organización más estricta posible. Quería ser al mismo tiempo cineasta, actor, escritor... Decidí no ser más que arquitecto, imponiendo a mi vida un encuadre muy severo. Es este marco el que hoy da su justo valor a las libertades que me permito.

Ahora sé que los deseos más locos no se concretan en torno a un vaso de whisky a altas horas de la noche. Para darles cuerpo, para clarificarlos —en primer lugar a uno mismo; después a los demás— es preciso forjarse un método. Pasar por los momentos más prosaicos, indudablemente menos interesantes, que permiten asegurar su funcionamiento. He aprendido a estimar el valor de la bondad, estética o moral. Ni negación obstinada y estéril, ni aceptación sumisa de todas las restricciones que nos rodean; sino más bien dominio de los propios sueños tamizados por esa insignificancia que permite al gesto llegar lejos y potente. Como el torero que durante una décima de segundo suspende el movimiento perfectamente regulado de su brazo; como el piloto, que en una curva sabe que puede pedir más a su coche. La locura no tiene sentido si no se apoya sobre un dominio técnico perfecto. Vértigo de la locura en el seno mismo de lo racional.

Esta actitud, trasladada a la arquitectura, me conducía —incluso antes de adoptar sus formas y su vocabulario— al clasicismo; hacia esos autores capaces de contener el ardor de las pasiones mediante un lenguaje perfectamente dominado, rítmico, con estructuras codificadas e impuestas. Por supuesto, llegar a esa pureza de expresión exige el dominio de los instrumentos, pero más que nada de la personalidad.

La reivindicación de una firma

Ahora, si bien es verdad que todos tenemos que organizar nuestra personalidad, conocer nuestros miedos y problemas, profundizar en el conocimiento de sí y desbrozar el terreno entre nuestros talentos y nuestros sueños, el oficio de arquitecto agrega dos dificultades específicas a este aprendizaje: el paso del trabajo individual al trabajo en equipo y, sobre todo, el dominio del tiempo. Porque estos dos parámetros han sido decisivos para mí en la elaboración de un método.

Ya lo afirmaba Vitrubio: «La arquitectura es una ciencia que comprende una gran variedad de estudios y conocimientos; conoce y juzga todas las producciones de las otras artes. (...) Como la arquitectura tiene que estar adornada y enriquecida por conocimientos tan numerosos y variados, no creo que un hombre pueda, desde el principio, considerarse un arquitecto». Por lo tanto, por lejos que nos remontemos, se impone esta evidencia: en arquitectura se sigue siendo un adolescente durante mucho más tiempo que en otros oficios. Es necesario sintetizar diferentes saberes y esta síntesis no se improvisa.

Sin embargo, Vitrubio habla todavía, como lo harán los autores del Renacimiento, de una ciencia enciclopédica ordenada como un cuerpo humano, donde todas las ramas están vinculadas entre sí. Estudio de los materiales, recomendaciones sobre la calidad de la arena o la madera: los tratados de arquitectura descendían por entonces hasta ese nivel de detalles y el arquitecto debía dominar todos estos datos técnicos.

La modernidad ha cambiado todo esto. La especialización, muy acusada en lo que a la construcción se refiere, obliga al arquitecto a rodearse de un equipo de ingenieros, a consultar grupos de estudio. Y lo más difícil: si desea participar en proyectos internacionales, necesita buscar colaboradores, asociarse con arquitectos locales, integrar en su creación a otras personas.

36

En sus diferentes fases, el Taller siempre ha intentado responder a estas exigencias de la arquitectura contemporánea. Desde sus comienzos en los años sesenta, yo proyectaba sobrepasar la realización de objetos aislados para emprender barrios enteros de ciudades. Entonces, el trabajo en equipo resultaba indispensable. La ambición superaba al individuo. Al comienzo, el Taller era una reunión de artistas provenientes de todos los horizontes y disciplinas. En esa especie de comunidad que formábamos entonces, se mezclaban tanto filósofos como poetas, pintores y escultores junto con arquitectos.

Retrospectivamente, no sé cómo llegábamos a fin de mes. A veces pasábamos mucho tiempo, con una veintena de personas, pensando en un solo proyecto que, nos parecía, cambiaría el mundo. Dibujábamos mucho; bosquejábamos teorías, elaborábamos métodos de composiciones geométricas que hoy son muy preciosos para mí. Pero, al fin y al cabo, construíamos muy poco.

EL EMPLAZAMIENTO DE UN PROYECTO: PORT IMPERIAL

El primer dibujo constituye el estudio de implantación de Port Imperial en Nueva York. Estamos en la otra orilla del Hudson, frente a uno de los más célebres perfiles de tejados del mundo. Una situación comparable a la del Redentore de Palladio, frente a la plaza de San Marco. Por consiguiente, organizo el proyecto teniendo como referencia Manhattan: en principio, me parece un palacio adosado a un acantilado. Este palacio está dividido en tres espacios orientados hacia las direcciones básicas de Manhattan: el midtown, *el* downtown *y la perpendicular al río.*

Las formas de estos espacios ya son bastante precisas en mi espíritu y algunos trazos de lápiz, por ejemplo, a la izquierda de la plaza cuadrada, materializan los puntos fuertes, que en este caso se convertirán en un arco.

Allí interviene el trabajo en equipo. Primero, el estudio geométrico, que determinará las leyes de composición del conjunto. Después, en el interior de esta geometría, se disponen los apartamentos y se intenta responder a los problemas de articulación, de curvas, de espacios muertos que se plantean. Por fin se llega a un plan de conjunto que indica la implantación y la forma de los edificios. Al mismo tiempo, continúa el estudio de las fachadas y el vocabulario.

38

Boceto

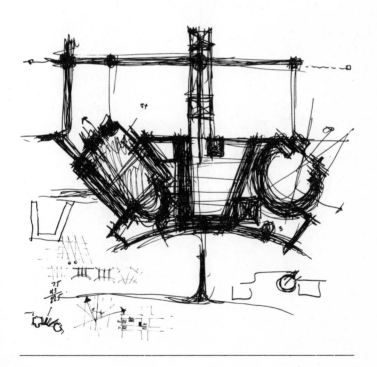

Estudios geométricos

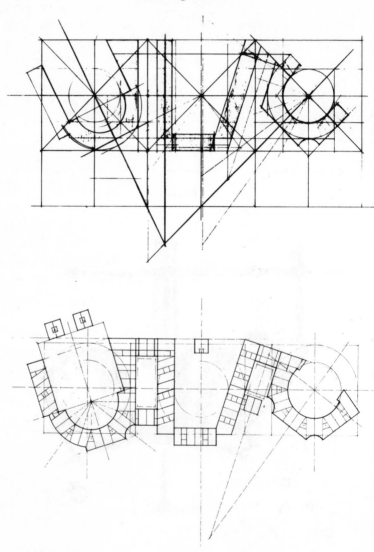

Plano del conjunto

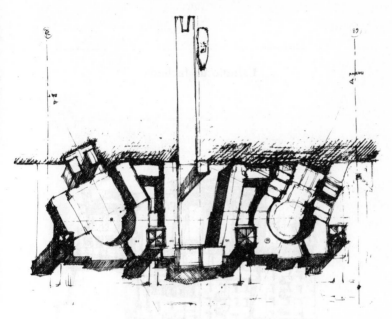

Perspectiva

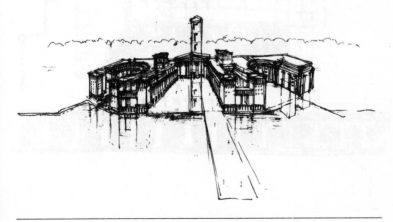

Estudio de fachada

Poco a poco, el equipo fue haciéndose más profesional. Quedaron sólo los arquitectos. Los proyectos se multiplicaron. Fue necesario incorporar personas nuevas, crear una empresa jerarquizada, un poco como esos estudios de arquitectura que constituyen la fisonomía de Manhattan. También fue necesario expandirse, atravesar las fronteras, abrir un estudio en París, después en Nueva York, otro en Moscú. El Taller se estructuró para afrontar esta expansión. Hoy cuenta con cinco equipos de arquitectos dirigidos por jefes de proyecto, una célula de diseño, dos equipos de realización y, naturalmente, una pirámide de administradores. A ello se agregan esos asesores que, en el terreno de la iluminación, la acústica, los materiales, están habituados a trabajar con nosotros; todos estos arquitectos, mediante el sistema de *joint venture,* son nuestros socios en los proyectos en el extranjero. Pero, a través de todas estas ramificaciones, a través de la pluralidad de los miembros del equipo, el Taller sigue el mismo derrotero: el de una arquitectura identificable, coherente.

La práctica cotidiana está hecha de aproximaciones, intercambios, papeles de calco que se superponen en montones impresionantes. Cuando acepto un proyecto es porque tiene un lugar en la estrategia de desarrollo estético que he decidido. Cuando conozco a un cliente, ya tengo una idea de lo que quiero hacer. Por lo tanto, varios esbozos dan las orientaciones en el espacio y determinan los puntos fuertes. Mis colaboradores saben interpretar mis dibujos, se ocupan de los

43

detalles de la composición geométrica y la fisonomía de los edificios. Después integran el programa. Al mismo tiempo, los equipos de realización deciden los materiales, las técnicas necesarias y, sobre todo, el costo del proyecto. Obviamente, las cosas no son tan lineales. En cada estadio hay reuniones múltiples, orientaciones que es necesario precisar.

Después comienzan los trabajos... y, con frecuencia, también las molestias. El cliente cambia de idea; el constructor trata de bajar los costes. Se multiplican mis visitas a la obra, mientras continúa el trabajo en el estudio, para integrar en el conjunto los nuevos datos que se presentan sobre el terreno. El principio es siempre el mismo: dar a cada uno su espacio de libertad; en el interior de un determinado marco, dejar que la diversidad de los talentos se exprese, preservando al mismo tiempo su unidad. En el fondo, se trata de renovar la idea surgida en el Renacimiento: la arquitectura es fruto de un trabajo en equipo; el taller es un lugar de creación donde se cruzan diferentes corrientes pero donde una personalidad se esfuerza por imponer una dirección común. La cantidad de colaboradores no cambia nada; simplemente, exige un poco más de rigor y vigilancia. Pero, a fin de cuentas, reivindico una arquitectura que lleva una firma.

Esta doble dimensión, a un tiempo individual y colectiva, constituye una primera dificultad para quien desea analizar y dominar continuamente su rumbo. La especial temporalidad de la arquitectura complica aún más las cosas. Regresemos otra vez a Vitrubio, quien pone las bases metódicas de la disciplina: «La arquitectura es el fruto de la práctica y la teoría. La práctica es la concepción misma, proseguida y trabajada por el ejercicio, que se realiza en el acto de dar a la materia destinada a una obra cualquiera, la forma que presenta un dibujo. La teoría, por el contrario, consiste en demostrar, explicar la exactitud, la conveniencia de las proporciones...».

Por lo tanto, progresar en arquitectura es hacer incesantemente el camino de ida y vuelta entre la concepción y la realización. Extraer lecciones de las propias realizaciones, criticarlas como si cada una de ellas fuera un pasaje obligado en un proceso de experimentación. Por mucha que sea la admiración que siento por un arquitecto como Etienne Boullée, maestro francés del siglo XVIII capaz de imaginar, sobre el papel, edificios suntuosos sin tratar de realizarlos; por grande que sea la amistad que hoy me liga a Leon Krier, demasiado exigente respecto de la calidad de los materiales como para aceptar entrar en un proceso de construcción, sus caminos no pueden ser los míos: la arquitectura —como la medicina o la oratoria— se afirma en contacto con lo real.

¿Cómo establecer esa relación dialéctica sin la

cual no concibo progresión alguna? He tenido el privilegio de poder evitarme toda realización «alimenticia». En consecuencia, puedo observar cada uno de mis proyectos como parte de un organismo vivo en evolución constante, en la cual cada etapa, cada obra, tienen su importancia.

Enamorarme de un proyecto se ha convertido en un principio de trabajo. No ver más que por él y para él. Defenderlo contra quienes no lo aman, convencer y luchar para que exista. Después, una vez realizado, saber mirarlo con distanciamiento, fríamente. Señalar el punto, por decirlo de alguna manera, en la fase que representa dentro de mi evolución; determinar la realización estética, técnica o simplemente comercial que representa este edificio que acaba de surgir de la tierra. Utilizar las lecciones que extraigo de él para llegar más lejos la próxima vez.

Esta reflexión sobre mis realizaciones, un momento habitadas por lo interior y después disecadas hasta convertirse en simples instrumentos de creación futura, me es necesaria para avanzar y dar cuerpo a mis nuevos proyectos. Para mí, es una base metodológica.

Pero precisamente esa ida y vuelta de la teoría a la práctica plantea al arquitecto un problema específico: se sabe que su arte consiste en organizar el espacio; pero no se tiene en cuenta el hecho de que también es necesario organizar el tiempo.

En efecto, ésta es la paradoja del arquitecto: jamás construye las obras en el momento en que coinciden con su evolución estética personal. Llegan siempre demasiado tarde para un hombre demasiado viejo: un proyecto está preparado y aceptado, pero duerme en los despachos esperando la decisión de los políticos o los promotores. Después del inicio de los trabajos, debe añadirse todavía la duración de la construcción. Para que un proyecto se materialice se necesitan cinco años, a veces más. Durante ese tiempo, mis investigaciones siguen evolucionando. La mayoría de las veces, el edificio que veo nacer es ya algo viejo y tendré que defender su primera juventud ante los clientes y los críticos.

Por consiguiente, dominar el tiempo es lograr conservar la memoria de los proyectos, aceptar esta duración infinitamente dilatada; es volver a colocar un edificio terminado en una dirección de búsqueda incesantemente rectificada, aceptar ver en una realización terminada un estadio ya pasado del propio desarrollo.

De una obra a otra

Renunciar a la obra única

Esta gestión del tiempo propia del arquitecto determina el camino de su recorrido y la elaboración de su método. De este modo aprende que ningún proyecto alcanza la perfección absoluta: el desfase entre la concepción y la realización condiciona cada uno de sus gestos. ¿Cómo podría creer que su próxima obra, la que está esbozando, es insuperable, cuando aquella que ve terminada, y respecto de la cual nutrió quizá las mismas ilusiones, le parece ya superada?

Muy pronto, pues, queda libre de ese defecto de novato que lleva a intentar ponerlo todo y decirlo todo de una sola vez. Muy pronto aprende a saber qué le aporta cada uno de sus proyectos, de manera precisa y forzosamente limitada. Si su obra alcanza alguna perfección, ésta no puede percibirse más que al fin de su vida, como resultado de incesantes variaciones, de esfuerzos siempre renovados por dar forma al espacio.

Cuando se trata de un artista a quien amo, yo mismo encuentro dificultades para establecer jerarquías entre sus obras. ¿Cuándo es mejor Picasso? ¿En su época azul o en su época cubista?

En el fondo, la cuestión me es ajena. En la confrontación de dos épocas, lo que más me interesan son las constantes, la personalidad de un creador en busca de la expresión más justa.

El arquitecto replantea, con cada proyecto, el mismo enfrentamiento entre el espacio y la materia. Cambian las escalas, las apuestas son más o menos importantes, pero cada una de ellas constituye el eslabón de una cadena que no debe ser necesariamente espectacular.

Hay que experimentar

De este modo, toda mi vida está hecha de experimentos sucesivos. En la búsqueda de una organización del espacio que esté de acuerdo con nuestra civilización industrial, he practicado sucesivamente una arquitectura sin fachada heredada de la arquitectura vernácula del desierto, y después una arquitectura basada en la composición y el vocabulario clásicos.

Este segundo «período» parece contrastar con el primero. Pero en realidad, como se verá después, en ambos casos se trata de la misma búsqueda. Cada uno de estos períodos no se ha impuesto de golpe, sino en el transcurso de numerosos proyectos que afinaban elementos técnicos o estéticos.

Hoy, la cuestión para mí es ir aún más lejos. Utilizar un vocabulario clásico en plena época industrial, retomar contacto con una tradición de la arquitectura y de la ciudad, representaba para mí, hace unos años, el objetivo prioritario. Una vez adquirida, esta demostración atrae otras. Después de haber reafirmado sus principios, me parece que la arquitectura puede volver a dirigirse hacia la tecnología de su tiempo.

Por eso es por lo que hoy mi objetivo es reintroducir en mis proyectos los elementos más representativos de la modernidad. Por ejemplo, me interesa el *high-tech*, movimiento representado por dos maestros ingleses contemporáneos, Norman Foster y Richard Rogers, y que se caracteriza por el empleo de los materiales modernos y una atención extrema dedicada a los detalles y las funciones. Sin embargo, no renuncio a las composiciones geométricas rigurosas ni a la utilización del hormigón «arquitectónico» que recuerda la estética de la piedra. Por el contrario, intento integrar los descubrimientos del *high-tech* en una jerarquía y un sistema de prioridades personales. Este matrimonio de la piedra con el cristal y el acero inoxidable no se hace en un día. Al contrario, exige muchas experimentaciones. Citaré tres ejemplos de ello, de importancia desigual: la realización de un edificio de oficinas en Neuilly, la construcción de la sede de la compañía bancaria Swift (en Bélgica) y la reconstrucción de la Place du Marché Saint-Honoré en París. En los tres casos, mi acción se vio orientada por el mismo desarrollo.

El primer proyecto debe insertarse en el ángulo de una calle como hay tantas, constituida por edificios de cuatro plantas sin características particulares. La sociedad cliente no desea un gesto arquitectónico demasiado fuerte, que por otra parte se integraría mal en el contexto. Por lo tanto, podría contentarme con responder al pedido trabajando formas que ya han sido perfeccionadas y muy utilizadas por el Taller. Sin embargo, aunque el proyecto no me haga progresar mucho desde un punto de vista estrictamente estético, me permite abordar el principio de la doble piel de vidrio.

EDIFICIO DE OFICINAS EN NEUILLY-SUR-SEINE

La esquina como lugar estratégico de la intervención urbana. El edificio se diseña en forma de L en torno a un patio interior convertido en jardín. Del lado de la calle, la torre de vidrio sirve de vínculo entre las dos fachadas principales; las grandes columnas de piedra recorren toda la altura del edificio, y están ligadas entre sí por cornisas altas y por una columnata a la altura del terrado, que dibuja en el cielo un ligero friso. Ellas, las columnas, encuadran un orden secundario que corresponde a las plantas retranqueadas, detrás de los grandes paneles de vidrio que cierran el invernadero.

Plano

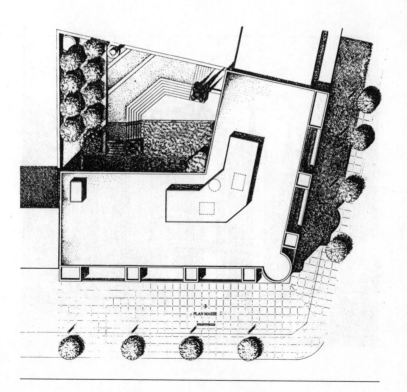

Fachada

Para nosotros, la novedad es muy importante: se trata de superponer dos paredes vidriadas, acondicionando entre las dos un espacio vacío que sirve de aislamiento al edificio e incluso de invernadero para las eventuales plantas de interior verdes. Dentro, la pared vidriada recorta el paisaje gracias a los montantes de las ventanas que lo embellecen al encuadrarlo. En cambio, desde el exterior, la fachada parece lisa como un espejo. Sólo algunas pilastras introducen una composición vertical y hacen «hablar» a ese espejo. Por lo tanto, empezamos a trabajar el vidrio, a estudiar los sistemas de fijación más discretos que sea posible. Progreso técnico que nos es precioso cuando reencontramos, en Swift, la utilización de la piedra.

En el Atrium des Etangs, para la empresa Swift, la elección de una estética está estrechamente ligada a un contexto preciso, tanto paisajístico como económico. La sociedad cliente está en plena expansión. Ya dispone de un primer edificio en uno de esos bosques soberbios que rodean Bruselas, cerca de Waterloo. Estos locales se han quedado pequeños. Por lo tanto, lo primero es determinar el emplazamiento de la nueva sede.

El estudio del bosque nos lo indica de manera enteramente natural. Los pocos castillos que se construyeron allí en el siglo pasado se articulan entre sí mediante un sistema de claros que crean un recorrido, imponen orientaciones y multiplican las perspectivas. Decidimos componer a partir de esas brechas de árboles. Partiendo de la naturaleza, el proyecto debe dejarle un lugar amplio. Desde su llegada, el visitante debe poder admirar las diferentes perspectivas del parque. Por lo tanto, el edificio respetará cierta transparencia. Es preciso tener en cuenta la imagen de Swift. Esta sociedad ofrece servicios informáticos a las bancas internacionales y defiende una imagen de destreza técnica y modernidad. No obstante, no se trata de que se la confunda con un banco: un edificio enteramente construido en piedra sería demasiado «Bolsa». Por otro lado, mediante sus diversos actos de patronazgo cultural y artístico, Swift se presenta también como defensor del patrimonio y afecto a ciertos valores estéticos tradicionales. La piedra y el vidrio pueden simbolizar con eficacia estas tendencias diferentes.

Ya se ve cómo el análisis del contexto me muestra la idea que enunciaba más arriba: reconciliar la transparencia y el hormigón, la modernidad y la arquitectura clásica, la realización técnica y el rigor geométrico. El edificio realizado representa de manera lineal y muy legible esta alianza de contrarios. Dispuesto en forma de U, está formado por dos alas de hormigón ocre entre las cuales se engasta un templo de vidrio.

Las partes compactas integran investigaciones realizadas previamente por el Taller. La calidad del hormigón, de aspecto tan noble como el de la piedra, la composición de la fachada sobre dos órdenes verticales puntuados por pilastras son, a partir de entonces, adquisiciones de estilo.

Por otro lado, es la primera vez que nos lanzamos a la elaboración de un templo de vidrio. Resguardando el atrio, el vestíbulo de entrada del edificio presenta todas las características de la arquitectura moderna: la alianza del vidrio y las estructuras sustentadoras de acero, la transparencia indispensable para que la mirada pueda pasar de parte a parte, la valorización del espacio interior mediante pasarelas suspendidas en el vacío. Sin embargo, todos los elementos, hasta el anclaje de los vidrios, están ligados al conjunto mediante una geometría precisa. El templo en sí mantiene con el resto de la fachada una relación de proporción. Utilizamos un vocabulario y unos materiales contemporáneos, pero ordenándolos y sometiéndolos a nuestra orientación general.

El círculo mágico

PERSPECTIVA

Swift es un edificio perfectamente integrado en un sitio soberbio. Es un poco como si el parque que lo rodea hubiera sido diseñado y plantado para él. La realidad es la inversa. Empezamos por estudiar las líneas de los castillos y los estanque, el trazado de los claros que da un sistema de comunicación e implantación de los edificios. (A)

Pero, más allá de eso, el estudio del terreno nos permitió determinar un círculo natural de vegetación que nos sedujo. Una especie de «círculo mágico» que nos proporcionó el eje del proyecto. Era un poco como si la naturaleza hubiera preparado nuestra intervención... Además, basta con girar en torno al círculo para desembocar en otro claro, que resulta inestimable para decidir el emplazamiento de un posible edificio suplementario.

Por tanto es un paso más en la dirección que me he fijado. Sin embargo, por el momento los materiales siguen yuxtapuestos. Verdad es que, como hemos visto, están rigurosamente vinculados, pero no por ello dejan de aparecer distintos al visitante.

Por consiguiente, hay que ir más lejos. Intentar enriquecer el uno mediante el otro, introducir una relación dialéctica allí donde, por el momento, no hay más que adición. El principio de la doble piel de vidrio, cuya ejecución vimos en el primer proyecto, me proporcionó los medios. El Marché Saint-Honoré marcará una etapa más en la síntesis.

Una vez más, es el propio emplazamiento el que inspira la estética. En efecto, estamos a pocos pasos de la Opera de Garnier, en uno de los barrios más prestigiosos de París, y también de los más señalados por las intervenciones neoclásicas del siglo XIX. La plaza del Marché Saint-Honoré es rectangular y está rodeada por tiendas de lujo y restaurantes. El lugar sería agradable si en su

Fachada

La arquitectura está hecha de retoques. En un principio, el proyecto de Swift estaba dibujado como un edificio continuo. Sólo sabíamos que íbamos a señalar la entrada, en el centro, mediante un espacio fuerte. En los primeros dibujos el templo era de piedra. Pero eso no era conveniente para la imagen de Swift, que deseaba diferenciarse de los bancos que eran sus clientes. De modo que dibujamos templos cada vez más ligeros insertados en el edificio. Después decidimos dejar que la luz entrara por el techo, que de golpe debía ser totalmente de vidrio. La idea fue imponiéndose poco a poco: en lugar de un solo edificio, había dos, a uno y otro lado, ligados por un espacio vidriado. Los dos planos de planta sucesivos, A y B, muestran esta evolución. El edificio ya no pasa por detrás del atrio. Obtenemos construcciones yuxtapuestas, sin tensión. Esto permitió jugar de una manera nueva con el exterior y el interior: son los mismos materiales, los mismos elementos de vocabulario los que se emplean en la fachada y en el interior del atrio. En este invernáculo entra la vegetación. Reencontramos el principio de los castillos clásicos: una entrada, un espacio intermedio y el parque.

Primer plano

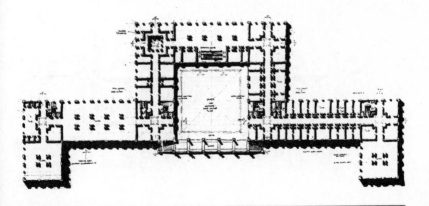

Ultimo plano

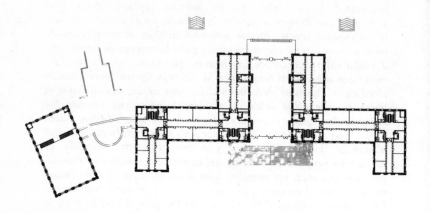

Vista interior

centro no se levantara un edificio de hormigón gris, macizo, donde hay mercados, garajes y cuarteles de bomberos: un verdadero chancro que obstruye por completo la perspectiva.

En septiembre de 1988, se tomó la decisión: la plaza se reestructuraría por completo, se derrocaría y reconstruiría el edificio central. Me confían el proyecto. Tal como lo veo, debe respetar la trama parisina pero aportándole además transparencia y fluidez.

Con este espíritu, decido restablecer la tradición de las galerías parisinas: galerías cubiertas que contienen tiendas y que son tratadas con mucho cuidado por los arquitectos. A lo largo de la calle acristalada que atravesará el edificio de un lado a otro, una superposición de columnas dará ritmo a las fachadas. Oficinas y comercios próximos a la prestigiosa calle Saint-Honoré, encuentran de manera natural su lugar en este espacio tan parisino.

Por encima de esta primera estructura de hormigón, colocaremos una doble piel de vidrio que recubrirá por completo el edificio, asegurando su aislamiento térmico y dando al conjunto, visto desde el exterior, mayor ductilidad. En lugar de anular y reducir el espacio, esta piel de vidrio lo multiplicará reflejando las fachadas de la plaza.

Un paso más, por lo tanto, en este casamiento del vidrio y el hormigón: éstos ya no están yuxtapuestos, sino superpuestos. Habrá que extraer todas las consecuencias de ello.

EL MARCHÉ SAINT-HONORÉ

Pasaje parisino. El objetivo: reabrir el vínculo Rivoli-Opéra y reanimar este eje comercial. Para ello, deseo establecer un diálogo con el entorno parisino y la arquitectura de mercados y galerías: éstas serán el atrio de la plaza, cerrado simbólicamente por dos grandes puertas de metal que marcan el eje. La plaza está concebida como un gran salón al aire libre. El edificio se compone de una estructura de hormigón de diseño clásico; está envuelto en una primera fachada de doble vidrio duplicada por una segunda fachada exterior, transparente, suspendida de puntos de fijación ligeros e invisibles. Esta envuelve todo el edificio. Aparte de la transparencia, este sistema proporciona un buen aislamiento acústico, una resistencia eficaz a la contaminación y una ayuda natural al equilibrio térmico del edificio.

Vista exterior

Vista interior

En él me interesa sobre todo la definición de un método: ir progresando mediante toques sucesivos, extrayendo cada vez las lecciones de lo que se acaba de construir. Aceptar los límites de un proyecto que, en sí mismo, no replantea necesariamente toda la historia de la arquitectura, pero que constituye una etapa, una variación sobre un tema determinado.

Más allá de las funciones

De este modo, fijándome una búsqueda personal, he podido sortear algunos de los obstáculos que amenazan con frecuencia a la arquitectura. En efecto, desde hace treinta años nuestra disciplina pasa por una grave crisis de la cual apenas empieza a salir ahora.

Como se le llama en el último momento, después de que promotores e ingenieros han elaborado ya el proyecto casi en su totalidad, el arquitecto no es más que un sastre. Ha quedado olvidada esa ambición que se ve esbozada en las primeras pirámides: la de desafiar el tiempo y la muerte, bosquejar la trascendencia del individuo o incluso la potencia de una comunidad. A partir de entonces, sólo se trata de limitar los gastos, de decorar, de dar al objeto industrial o comercial una presentación conveniente.

Por el contrario, saber de manera precisa hacia dónde nos dirigimos permite imponer una dimensión propiamente arquitectónica a la construcción. Al menos se puede elegir, aunque sólo sea eso, entre las concesiones posibles y las que no lo son.

Cierto. Pero, ¿cómo recuperar concretamente el terreno perdido? ¿No está inscrito en la propia historia de la arquitectura? ¿Acaso no son los arquitectos mismos, seducidos durante mucho tiempo por el funcionalismo, por la voluntad de decir la verdad sobre el edificio, que sólo debe expresar su estructura y sus funciones, los responsables de su exilio?

En efecto, conocemos el prestigio que había logrado para sí, a fines del siglo pasado, la École de Beaux Arts de París. La gente llegaba a Francia desde todos los lugares del mundo para aprender a dibujar, estudiar un vocabulario clásico que, a partir de allí, se trataba de reelaborar, superar. Sin embargo, esta escuela fue poco a poco sucumbiendo a la rutina del academicismo. Se iba a ella sobre todo en busca de «trucos» decorativos. El verdadero poder, la auténtica creación, estaban en otra parte, del lado de los constructores, de los ingenieros salidos de la École Polithecnique, que utilizaban todos los recursos de los materiales nuevos. Mientras Gustave Eiffel construía su célebre torre, los aprendices de arquitecto seguían componiendo columnas y pilastras.

Se produjo, entonces, el divorcio entre los ingenieros y los arquitectos.

La Bauhaus nació de esta necesidad de hacer coincidir las dos ramas fundamentales de la construcción. Fue una reacción contra la «fachada» compuesta, rítmica, que oculta la estructura real del edificio; a partir de ahí fue necesario mostrar el esqueleto, dejar de mentir al transeúnte: el inmueble será de vidrio, transparente, para exhibir mejor sus entrañas, dirá Mies van der Rohe; el edificio será de hormigón a la vista; las aberturas, puertas y ventanas, por muy numerosas que sean, se alinearán a lo largo de la fachada para reflejar la vida de los habitantes, afirmará Le Corbusier.

Sin embargo, en el caso de ellos, es la arquitectura la que se traslada al reino de los ingenieros. Le Corbusier, entusiasmado por los «tiempos modernos», por la nueva era que cree ver ante él, presta a los constructores su sentido del espacio, de la armonía, de la luz. Con el Seagram Building de Nueva York, Mies van der Rohe realiza un verdadero arquetipo del rascacielos que hasta ahora no ha sido superado.

Como siempre, la degradación viene luego, con la repetición de los gestos originalmente creadores, con la recuperación por parte de comerciantes y promotores de una estética que, llevada al extremo, es para ellos una fuente de economía. Puesto que, según las famosas palabras de Le Corbusier, el edificio debe ser una «máquina para habitar», se encargará su construcción a aquellos que dominan las máquinas. Desaparición de la arquitectura. El edificio se hace para ser práctico. Planear estacionamientos, huecos de escaleras e instalar ascensores en bloques de hormigón, no requiere su intervención. Nada de florituras ni decoraciones inútiles y, si el edificio adquiere proporciones extrañas, tanto peor.

Así es como se multiplican actualmente, en las periferias de nuestras ciudades, esos desastres de los que no sabemos cómo desembarazarnos. ¿Qué es un HLM?* Una respuesta a un sistema económico y social que exige alojar con rapidez y al menor coste a una parte desfavorecida de la población. Su propia fachada expresa esta definición de manera concreta.

Cuando empecé a construir en Francia, mi preocupación fue demostrar que esa función y esos costes draconianos no imponían una estética. Se podía alojar a la gente, darles un cuarto de baño cómodo, dos o tres dormitorios y una sala de estar haciendo, al mismo tiempo, un trabajo de arquitecto. Me parece que estábamos lo bastante maduros y seguros de nosotros mismos como para dejar de maravillarnos ante esas adquisiciones de la modernidad que son los ascensores, los huecos de las escaleras o los tubos de ventilación; sabíamos cómo funciona un edificio, por dónde debían pasar sus órganos vitales. Por fin, nuestra reflexión podía centrarse en otros puntos.

Era la época en que construía en Marne-la-Vallée, en Cergy-Pontoise, esos teatros, esos arcos, esos templos, esas formas culturalmente potentes que pertenecen a la memoria colectiva de un país, pero que desde hacía cincuenta años se esforzaba por olvidar. Nada de dejar que las tuberías se extendieran sobre la fachada: se encuadraban con pilastras. Nada de alinear a lo largo de los muros

* *H.L.M.: Habitations de Loyer Moderé,* Viviendas de Renta Limitada. (N. de M.W.)

centenares de ventanas, todas iguales, con el pretexto de que cada habitación tiene que disponer necesariamente de una abertura suficiente. No hay razón alguna para que en el exterior, que está hecho para ser visto de lejos, nos encontremos sin más con la yuxtaposición de las aberturas. Un edificio no es una colmena. Es preciso componer la fachada. Se puede extender una abertura sobre dos plantas, enmascarando la base con un cristal; agrupar dos o tres ocultando los tabiques. En resumen: realizar todos los órdenes que se desee, jugando con los niveles. Y no se trataba de alinear los bloques unos detrás de otros para que cada apartamento tuviera la misma orientación y se beneficiara de la misma iluminación. Construyéramos en círculo o en elipse, todos los apartamentos debían atravesar el inmueble de parte a parte. No era nada complicado repartir en seguida las habitaciones de noche y las de día en función de la curva del sol.

Por lo tanto se trataba, en principio, de componer un espacio, de reencontrar un «sentimiento de la calle» que se había ido perdiendo poco a poco, de crear signos distintos en ciudades nuevas que nunca se habían pensado de manera global. A partir de ahí, los programas de alojamiento encontrarían en ellas su lugar de forma natural.

La Fábrica: mi manifiesto

Esta demostración, que intenté aportar al terreno de los HLM, me parece aprovechable en todos los terrenos de la arquitectura: no hay nada más peligroso que los arquitectos que pretenden, no sin cierta arrogancia, responder estrictamente a las demandas de sus clientes, cumplir con los programas y nada más: si no aportamos un «suplemento de alma», no somos nada. También un edificio de oficinas, un puerto o una autopista pueden metamorfosearse en obras de arte.

En arquitectura no hay causas perdidas.

Es lo que quise demostrar con la Fábrica, mi estudio y mi casa, situada en la periferia de Barcelona. Un manifiesto; mi interior y el marco de vida de todo mi equipo.

Me gustaba pasear por los sitios baldíos industriales; por ese *no man's land* donde la ciudad se desgarra, donde viejas chimeneas de ladrillo puntúan la anárquica lucha entre los campos y los bloques de hormigón. Conocía un lugar maldito, un cementerio cercado por la campiña, la zona industrial y la zona a secas. Hacía mucho tiempo que la chimenea no humeaba; era ya testimonio del pasado. Deseaba vivir allí. Por placer. Por desafío.

Había que sacar muchos metros cúbicos de polvo; implantar una vegetación nueva; sobre todo, había que reorganizar totalmente un espacio: esta transformación exigiría tiempo. Elegí arreglar el interior de los silos; abrir en los muros ventanas estrechas, parecidas a las de una igle-

71

sia románica; preservar en el conjunto esa vacila-
ción entre la ruina y el claustro, el marco de reflexión y —lección de humildad indispensable—
la imagen de la destrucción.

Ocupamos la Fábrica como se ocupan ciertas
aldeas del desierto: cada silo, ligado o no a los
demás, constituía una especie de unidad de habitación. Todos los días se cruzan por allí cien personas y trabajan, al parecer, en buena armonía.

Así verifiqué que todo puede extraerse de un
espacio dado: una estructura industrial, en principio restrictiva; la implantación de dos programas nuevos, en sí mismos difícilmente compati-
bles: la actividad profesional de diseños, reflexión
y encuentros, y mi vida privada cotidiana. Hoy,
cohabitan allí: nunca tuve que lamentarlo.

La arquitectura como reto

Por supuesto, de la misma manera que cada
proyecto no constituye un gesto absoluto y total,
sino que es la experimentación de un concepto
nuevo, cada creación no supera el programa establecido. Por ejemplo, proyecté el nuevo aeropuerto de Barcelona. Aquí las funciones son numerosas, sofisticadas, muy restrictivas. Las normas de
seguridad internacionales exigen que se respeten
distancias precisas entre las zonas de actividad;
es necesario hacer pasar a la gente por recorridos impuestos que comprendan las formalidades

de policía o aduana; los sistemas de climatización y señalización están muy desarrollados. Además, debo tener en cuenta un edificio ya existente, muy mediocre, que no se puede demoler. Por último, sé que un aeropuerto tiene una vida útil limitada debido a los progresos tecnológicos. En Barcelona proyecté para un máximo de treinta años.

Sin embargo, a partir de estos hechos predeterminados, procuro realizar un aeropuerto distinto, más agradable, mejor diseñado, más cercano a una obra arquitectónica que a una sala de espera macilenta o a un laberinto.

Primer ejercicio: responder a las funciones exigidas hasta en los menores detalles. Puedo elegir entre dos tipos de construcción: un edificio central, en cuadrado o en estrella, compacto, en torno al cual se alinean los aviones o, por el contrario, una estructura lineal. La primera fórmula tiene la ventaja de centrar el espacio pero desorienta al viajero, perdido en un mundo que no está a su escala.

La segunda fórmula, que es la que por último elegí, prolonga el espacio. Casi un kilómetro de longitud en total. ¿Difícil cuando se sale de un taxi llevando el equipaje? No, porque nadie tiene que recorrerlo en toda su longitud. Se llega ante una puerta; se desciende del coche propio o de un taxi. Se atraviesa el aeropuerto y se encuentra uno frente a su avión. El viajero apresurado economiza sus pasos.

Como compensación, puedo desarrollar otro eje en el sentido longitudinal. Una vasta «rambla» vidriada recorre el edificio. Un paseo para el viajero en tránsito que quiere ocupar su tiempo. A lo largo del recorrido hay tiendas, cafés, restaurantes; y, del otro lado (una vez más, gracias al sistema de doble piel de vidrio), el interminable vaivén de los aviones. De vez en cuando un jardín, un patio, palmeras.

Aquí está claro el desplazamiento de las funciones: más allá de un simple aeropuerto, de un lugar de paso anodino, trato tal vez de crear un nuevo paseo para los habitantes de Barcelona. Siempre se está en el terreno del *design* pero, una vez cumplido, el programa se habrá superado. Por otra parte, incluso si se trata de responder a funciones, aplico aquí algunas de las técnicas de diseño y composición adquiridas por el Taller. A escala del peatón, recuperan sus derechos el vocabulario muy estructurado y la geometría.

A veces, esta actitud me lleva a alteraciones más espectaculares, a gestos más radicales que asustan al cliente. Es el caso del proyecto para el concurso (perdido) de la Torre de Comunicaciones de Barcelona. En primer lugar, no hay nada más funcional que una torre de comunicación. El repetidor, las antenas, imponen un paisaje; las exigencias técnicas son numerosas y complejas. Al parecer, el arquitecto tiene que ceder la palabra a los ingenieros.

EL AEROPUERTO DE BARCELONA

Aquí, el punto de partida es la tecnología: descomponer las funciones, que son numerosas, y cumplirlas una tras otra. La estructura lineal permite jugar sobre dos ejes: el paseo y el deambular en el sentido longitudinal (tipo «rambla»), y el acceso a los aviones en el perpendicular.

No obstante, no renunciamos a realizar un trabajo de acuerdo con nuestros métodos y objetivos. La entrada principal —cuidada en su concepción estética, porque constituye el primer contacto del visitante con la ciudad— tiene ambiciones de espacio mágico formado por una inmensa losa chata, mediterránea, sostenida por cuatro pilares de hormigón blanco, trabajo hecho también según una geometría y un vocabulario clásicos. En este lugar de tránsito, las referencias a la memoria deben permitir establecer señales espontáneas. Es mejor jugar con el sentido natural del espacio de cada uno, que con una filiación artificial que desconcierte al viajero.

La fachada, de vidrio, es otro ejemplo de esa doble piel de la que ya se ha hablado.

Vista interior

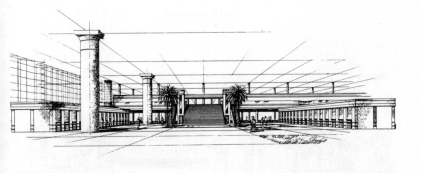

75

Boceto de plano

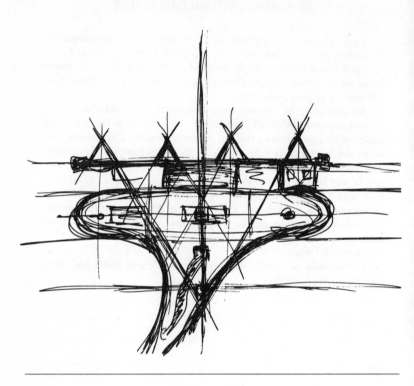

Vista exterior

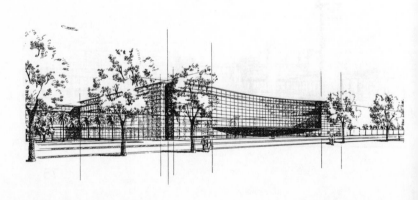

Sí, pero veamos: estamos en lo alto del Tibidabo, una de las colinas que dominan Barcelona. La obra que va a coronar esta altura se verá desde toda la ciudad. Además, se conoce la función simbólica que adquiere rápidamente una figura simple, fácilmente visible, que domina una ciudad. Es una señal de reconocimiento que vincula a una comunidad e identifica la ciudad a ojos del turista: esta torre debe ser también un monumento.

Decido tratar la torre como una columnata formada, si se la ve en corte transversal, por tres círculos ajustados. En lo alto un frontón, clásico, coronado por un obelisco triangular en torno al cual se colocará el bosque de antenas. Todo ello con los colores que recuerdan la piedra local, con homenajes ocultos y gratuitos a Gaudí, otro símbolo de Barcelona.

¿Hubiera tenido éxito o no en la transformación de este edificio utilitario en monumento? No importa. Sólo cito este proyecto abortado para ilustrar una actitud que condiciona, en mi opinión, la dignidad de nuestra disciplina: no contentarse con alojar a gente, hacerla trabajar, permitir que funcionen las televisiones y rueden los coches. Para obtener estos resultados no es necesaria la arquitectura.

Es al comienzo, en el momento mismo en que se elabora el programa del edificio o se decide su coste, cuando debe intervenir el arquitecto e imponer objetivos artísticos. Para ello necesita estar en el centro de la acción y no simplemente en el último eslabón de la cadena, cuando se trata sim-

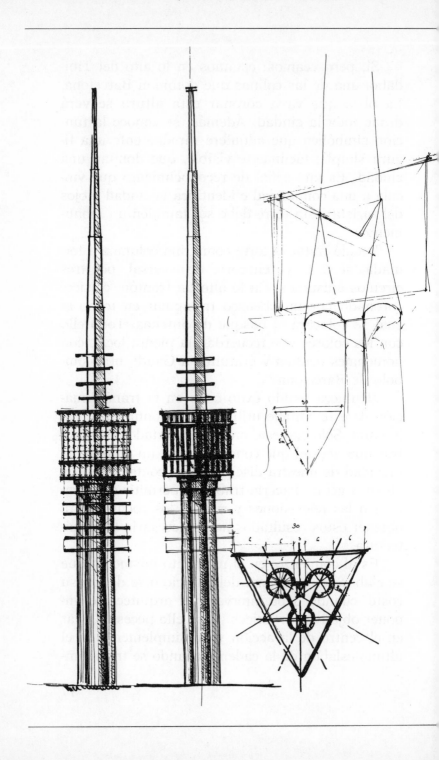

plemente de salvar las apariencias o rehabilitar los desastres.

Es una nueva dificultad para el arquitecto: mientras se ejercita, como todo artista, en el control de sus fantasmas; mientras aborda cada proyecto como una experimentación necesaria, necesita imponerse a aquellos que detentan el poder. Llegar a construir significa, necesariamente, reunir tres elementos: un cliente, el dinero que proporcionan los bancos o los promotores, y las autorizaciones. En ocasiones, estos tres elementos no son, físicamente, más que dos, incluso uno, pero toda realización arquitectónica se articula entre las finanzas, la gestión y la política. El trabajo consiste en entrar en la lógica de estos distintos poderes para aprovecharla mejor en beneficio de la creación.

TORRE DE COMUNICACION DE BARCELONA

Es un ejemplo de trabajo arquitectónico en un terreno que por lo general se reserva a los ingenieros. Para ello, el equipo del Taller se había asociado a los ingenieros de las plataformas petroleras del Mar del Norte. Las estructuras metálicas fueron concebidas por los mejores especialistas anglosajones. El conjunto fue completado por ingenieros especializados en telecomunicaciones. Más allá de los tecnicismos, yo intentaba hacer de esta torre un monumento, un signo distintivo de Barcelona.

En el seno de lo político y lo económico

La génesis de una torre

Chicago: el museo de tamaño natural de la arquitectura contemporánea. Louis Henry Sullivan, Frank Lloyd Wight, Mies van der Rohe y los grandes nombres de la escuela de Chicago se lanzan desafíos a pocos metros los unos de los otros. Desde hacía tiempo estaba fascinado por esta extraña ciudad vertical. Turismo, conferencias: observaba, anotaba, diseñaba en otros lugares, para otras ciudades norteamericanas, proyectos de rascacielos que iban afirmándose, precisándose gradualmente.

Un día, fue necesario pasar a la acción. Allí estaba el terreno, en pleno centro, uno de los últimos. También estaba el financiero, una compañía de seguros que quería invertir en el edificio. Tenía el promotor y sabía que podía asegurar con éxito el montaje de la operación. Ya había trabajado con él en Barcelona. Pero no tenía nada definitivo: hacer pasar por una obra los planos que hace tanto tiempo tenía en la cabeza, exigía un trabajo que supera el marco estricto de la arquitectura.

Si la gente de Chicago me propuso el proyecto es porque ya no quieren arquitectura internacional y sus materiales fríamente ostentosos. Cuando se vive en el país del acero y la industria triunfante, se sueña con la piedra y la tradición. Han quedado seducidos por la imagen que tienen de mi arquitectura. Esto no les impide plantearme la competencia. Nosotros, que todavía nunca hemos construido un rascacielos, tenemos que medirnos con los grandes de la arquitectura comercial. Primer objetivo: ganar la confianza de los inversores americanos. Se suceden reuniones, cenas. Tengo que ocuparme personalmente de ir regularmente al terreno. Poco a poco, se establece la corriente. Ganamos el proyecto.

No obstante, no todo está ganado. Como en otros lugares, en los Estados Unidos no es posible dar vía libre a una operación si no está formado el equipo. Me presentan a un arquitecto local: decido asociarme con él y confiarle la parte técnica del edificio. Pero hay que encontrar también a los contratistas, los especialistas en estructuras, aire acondicionado, iluminación...

Proyectar y construir torres es una auténtica especialidad dentro de la arquitectura. El mercado norteamericano es —respecto al europeo— muy sensible, fluctuante y competitivo. El contexto financiero es especialmente sofisticado. Es preciso hacerlo todo muy rápido: debido al precio del terreno, cada día perdido puede amenazar la rentabilidad del proyecto. El proceso puede interrumpirse en cualquier momento. Me corresponde a mí organizar y coordinar el equipo que acaba de formarse. Establezco las piezas del *dossier,* en verdad mucho menos numerosas que en Francia o en España. Multiplico los bosquejos para hacer coincidir lo que llaman el *statement,* la marca del inmueble con criterios impuestos de rentabilidad, altura, reglamentación y, sobre todo, costos. Llego incluso al extremo de explicar a los comerciantes cuáles serán los argumentos específicos del edificio, cómo deben venderlo a sus clientes. Para los promotores, formo parte integral del negocio que están haciendo.

Es así como, mediante la intervención temprana en la operación, ayudando a las diferentes partes interesadas a aclarar todos los datos de los programas y las funciones, logro hacer más que una simple arquitectura comercial e imponer al final formas que trabajo hace varios años.

El reino del dinero

En los Estados Unidos, esta elaboración del marco, por encima de la creación propiamente dicha, pasa en principio por un contacto directo con los financieros y promotores. Las leyes de urbanismo son muy flexibles. Las relaciones con el ayuntamiento se basan en compensaciones, e intercambios de servicios. Desde nuestro primer encuentro, los responsables de la ciudad me proponen diseñar un proyecto de arreglo del conjunto del barrio. No les costará nada: será el inversor de la torre quien lo tomará a su cargo, como contrapartida de las numerosas autorizaciones. Las calles de Nueva York, con sus falsas iglesias góticas, sus atrios climatizados dentro de los rascacielos, están hechas de estos indispensables agradecimientos que hacen de los promotores personas notables que cuidan el espacio público.

Esta debilidad de la política deja lugar a una gran movilidad financiera. Por ejemplo, fue allí donde encontré a promotores dignos de leyenda. Además, la mayor parte del tiempo no son sino intermediarios; de alguna manera equivalen a esos productores de cine que saben que los puros y los Jaguars son los signos aparentes de fortunas que ellos se contentan con administrar. Son administradores, sostenidos por los consejos de administración de grandes grupos bancarios. Un encuentro con el promotor financiero Reichmann deja una impresión muy distinta. Toronto le debe en gran parte su *downtown* y su papel en la nueva conquista del gran norte; Nueva York le debe su última fiebre de construcción junto al World Trade Center: Battery Park; Londres le deberá su nueva City, implantada en los muelles del viejo puerto.

RASCACIELOS

En Europa yo estaba en contra de los rascacielos. No podía reflexionar sobre el problema de las torres más que en el contexto que las genera: los Estados Unidos. En 1985 se exponen en el Metropolitan Museum mis proyectos, junto con los de Leon Krier. En este caso, se acostumbra hacer un gesto en beneficio de la ciudad. Krier ha dibujado su visión de Washington. Por mi parte, he bosquejado mi primer rascacielos (primera ilustración).

De entrada introduzco una relación de proporción, que aquí es de 1 a 7; 5 órdenes, que se extienden sobre diez plantas, constituyen el cuerpo del edificio; cada uno de ellos está marcado por una doble horizontal. Se subrayan especialmente la base y el vértice. Pero la proporción del macizo (40%) sigue siendo muy importante para un edificio que, en principio, debe valer por el espectáculo y la vista que ofrece.

Su ubicación: en la ciudad de Nueva York según los proyectos de Battery Park y Harlem. Los planos de urbanismo imponen el respeto de la trama de la calle. De allí esta base que se hipertrofia: empieza por una casa de planta baja sobre la cual se articula una torre mediante una serie de relejes volumétricos ligados a la geometría general del edificio (segunda y tercera ilustración).

Chicago (cuarta ilustración). Los planos y las cargas son precisos: el edificio va a construirse; tendrá una altura imperativa de algo más de 50 metros y 23 ascensores. En consecuencia, las proporciones se arreglan de 1 a 4. Ahora no hay que respetar trama de calle; por lo tanto, la base tiene proporciones normales. En contrapartida, ésta y el remate son objeto de grandes discusiones; de ellas depende la identidad del edificio. No obstante, el cuerpo propiamente dicho tiene ritmo: pero los elementos compactos, de granito blanco, sólo ocupan una cuarta parte de la superficie. Se calan los ángulos para dar la máxima vista a las oficinas que se encuentran en ellos.

85

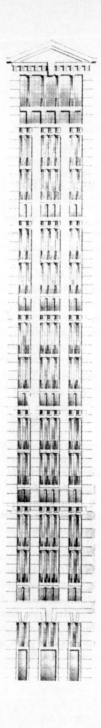

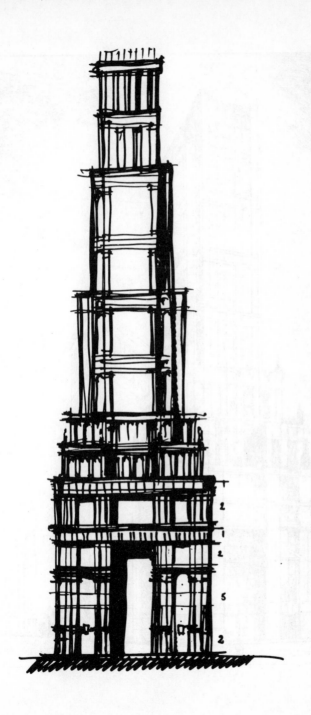

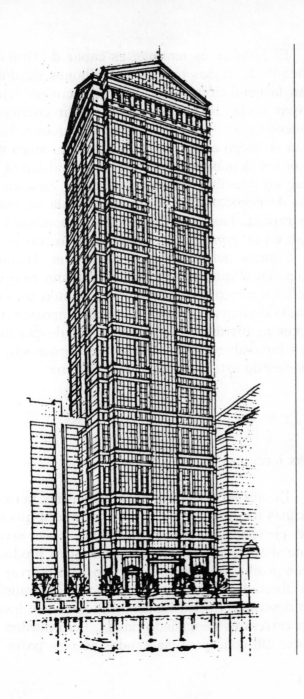

El hombre es temible: es capaz de firmar un cheque de varios cientos de millones de dólares con la bendición de sus bancos, pero no deja escapar nada. No es necesario rendir cuentas; se mueve rápido, corre los riesgos que quiere. Lo que está en juego es su dinero. Reichmann ataca mientras los demás vacilan. Allí donde no había más que un apacible barrio adormilado, crea un centro de negocios. La adquisición de la reputación es rápida. Las sociedades más importantes confían en él, compran sus oficinas sólo con los planos, antes del inicio de los trabajos. Triunfa el golpe en el que nadie creía. Reichmann recoge beneficios y reinvierte. En todo el mundo sólo unas pocas decenas de personas pueden apostar así. A veces se arruinan por haber apostado por ciudades imposibles en barrios que no progresan. Hablarles de arte es hablarles de dinero.

Las lecciones de un sistema

De ahí en adelante mis experiencias norteamericanas me han permitido precisar la idea que tengo del ejercicio de nuestra disciplina. En el seno de este sistema tan restrictivo, hecho para producir lo más posible a cada uno, creo poder preservar cierta libertad de creación, tomando las precauciones ya descritas. En los Estados Unidos no se inventa. La carrera es demasiado rápida. Pero pueden aplicarse allí conceptos elaborados en otra parte.

En resumen, la caricatura norteamericana pone de relieve nuestra situación en la sociedad moderna: ni marginales ni artistas malditos, sino actores en la competición económica. Allí, la obra firmada tiene su precio. Se vende en el mercado como un valor bursátil. Nunca deja de sorprenderme el hecho de que ciertos dibujos míos, que en Barcelona apenas se archivan, se exponen en París y se venden por más de 10.000 dólares en ciertas galerías de Nueva York. Es la lógica del mercado aplicada a las obras de arte.

En arquitectura la época de los mecenas ha terminado. Se han olvidado los tiempos en los que, a principios de nuestro siglo, el conde Güell comprometía su fortuna para financiar la construcción en Barcelona del Palacio que actualmente ocupa el Instituto del Teatro, ideado por Gaudí. Una buena arquitectura es un buen negocio para todo el mundo. Para el arquitecto, que construye su obra y recibe honorarios. Para el cliente, que realiza una verdadera inversión. Los industriales norteamericanos lo han entendido bien: un edificio firmado, distinto, personal, bien proporcionado, genera una plusvalía tanto más estimable cuanto que se ofrece a la mirada del transeúnte. El fenómeno evoluciona poco a poco. Testigo de ello es la construcción, por parte de Foster, de la torre del Banco de Hong-Kong. Este edificio, que alcanzó un precio récord, permanecerá, sin duda, como la obra de arte del *high-tech*. En cada etapa ha prevalecido la elección de la mejor calidad. Concepción, estructura, materiales, terminaciones: los promotores apostaron a lo más lujoso. Hoy, esta torre es un monumento de Hong-Kong. Gracias a este edificio, el banco que lo ocupa ha adquirido notoriedad internacional. Nunca tendrá motivos para arrepentirse de la inversión inicial.

A causa de ello, pasar a la construcción, sin ir contra su arte, exige un comportamiento muy profesional y una gestión rigurosa. Tenemos que saber hablar de dólares, discutir contratos y negociar nuestras condiciones con firmeza. Sólo a ese precio son posibles el trabajo y la calidad. No somos curiosidades de salón, sino actores de pleno derecho en el juego económico.

Ya no se puede practicar la arquitectura al margen, como un agregado, sino en el propio seno de la batalla económica. Si uno ha pasado un tiempo suficiente modelando su propia personalidad, si sabe adónde va y cuáles son los puntos en los que nunca cederá, puede intentar la aventura sin riesgo de perderse y comprometerse.

Cuando el artista se borra

En mi opinión, este proceso constituye el único uso positivo que el artista puede extraer del *star system*. Sin embargo, todavía tiene problemas para imponerse en Francia. Allí sucede como si se quisiera borrar la personalidad del artista. El sistema de concursos es una buena ilustración de esta mentalidad. La mayor parte de las operaciones públicas, e incluso a menudo de las privadas, se inicia efectivamente mediante un concurso. Se impone cierto número de condiciones y pueden inscribirse varias decenas de arquitectos. Presentan un proyecto, una maqueta que examina un jurado. En apariencia, el juego es absolutamente democrático.

En realidad, la mayoría de las veces, el estilo y la manera de los candidatos son fácilmente identificables. Por lo tanto, el anonimato es· un señuelo. En cambio, tiene un inconveniente grave: no permite al autor defender su proyecto, aclarar los puntos eventualmente oscuros. En los Estados Unidos son mucho más pragmáticos: como hemos visto, el arquitecto se elige después de numerosas consultas que permiten conocer mejor su personalidad. Como resultado, él se siente menos intercambiable.

Esta debilidad del estatuto del arquitecto en Francia —que no en España— se traduce por una excrecencia de lo político. Hasta tal punto que, en el proceso, se olvida la firma real de las obras.

¿Quién construyó Versalles? La respuesta es espontánea: Luis XIV. ¿Quién construyó los castillos del Loira? Francisco I. Como si los propios reyes hubieran trazado los planos. La exaltación del político es tradicional.

Se ha observado a menudo que la estructura del palacio de Versalles, con su centro, sus juegos de simetría, las perspectivas que forman sus jardines «a la francesa», da una imagen concreta de lo que era el poder político en tiempos del Rey Sol. Es una especie de microcosmos del país, centralizado y jerarquizado.

Los proyectos más recientes no han invertido esta tendencia: el arquitecto sigue siendo el sello de un programa político.

Por ejemplo, el arco de triunfo de la Défense. En la misma línea que integra el Arc de l'Etoile, los Champs-Elysées, la Concorde, y el Arc du Carrousel; al final, la pirámide del Louvre: no es necesario ser un sabio semiólogo para comprender que, al marcar de este modo el espacio, con un punto y una puerta urbana, el presidente de la República ha querido hacer un «gesto de poder» en uno de los ejes más prestigiosos del mundo. Aunque la pirámide y el arco de la Défense estén ligeramente desfasados respecto al eje de la perspectiva, la intención es de todos modos muy inteligible.

Incluso en el detalle, cada uno de estos edificios lleva una marca política. Naturalmente, levantar un teatro de ópera en la Bastilla es recuperar uno de los lugares históricos de la izquierda francesa. Centralizar todas las entradas de un museo como el Louvre (cuando el ejemplo de Orsay, con sus interminables colas, ha demostrado las dificultades que se experimentan para manejar el flujo de visitantes en un único punto) es simbolizar un programa que da preferencia a la cultura de masas. Esta confusión entre la práctica de la arquitectura y los ideales políticos crea una situación paradójica: Francia invierte mucho en sus programas arquitectónicos; pero, por otra parte, no logra imponer sus propios creadores en la escena internacional. Es como si el sistema que allí se fabrica fuera algo cerrado e inexportable.

Personalmente, le debo mucho. Pero, desde el comienzo de mis operaciones con los HLM, he intentado invertir las relaciones de fuerza, jugar al menos en pie de igualdad con los poderosos. Los proyectos logrados son aquellos que se basan en una relación de complicidad y confianza. Salvo que aquí es al hombre político, y no al financiero, a quien hay que ganar para la causa.

Poder y contrapoder

En lo que se refiere a Montpellier, todo comenzó para mí hace doce años, cuando ganó las elecciones un hombre cuyo slogan de campaña anunciaba su color: «Cambiar la ciudad». Georges Frèche es joven, apasionado. Es universitario, historiador y antiguo alumno de HEC.* Su adjunto, Dugrand, es geógrafo. Ambos saben perfectamente lo que no quieren volver a ver: esos edificios grises y tristes que son el Polygone y el Nouveau Monde. Quieren volver a tomar contacto con una arquitectura mediterránea. Primero piensan en Pouillon y después me proponen trabajar con ellos. Primera medida: sobrevolamos juntos la ciudad. Observamos los ejes esenciales que han originado el desarrollo de la ciudad. Hacia el este, adonde nos dirigimos naturalmente, el campo está libre. Los terrenos son inmensos.

* *H.E.C.: Hautes Études de Commerce,* Escuela de Altos Estudios Comerciales. (N. de M.W.)

95

De acuerdo con el consejo municipal, queremos aplicar una teoría muy acariciada por el Taller: realizar el barrio de una ciudad, donde se mezclen los servicios y las viviendas. Por su parte, los políticos quieren poner en práctica una idea contemplada en el programa socialista: la de una sociedad de gestión, de economía mixta, que haga de ese proyecto urbano una operación autofinanciada. Nuestros objetivos son los mismos. En un enorme salón, que muy pronto no basta para alojar al público, presentamos los primeros dibujos a los habitantes de Montpellier. Se entusiasman. Sin embargo, los problemas no tardan en presentarse. Para construir un conjunto de esa índole es necesario obviamente cambiar el plan de ordenación del suelo, además de dictar gran cantidad de nuevas leyes. Estas decisiones se toman a nivel nacional. Ahora bien, el ex alcalde de Montpellier, a la cabeza de la dirección de Ordenación del Territorio, se dedica durante dos años a bloquear el proyecto que, lanzado por políticos, es obstaculizado por otros políticos. Grandeza y debilidad de un sistema.

Se produce un cambio de mayoría parlamentaria y todo vuelve a ponerse en marcha. Pero, antes de pasar a la realización, tengo que integrarme en un tejido regional. De hecho, la primera reacción de los arquitectos locales había sido muy cauta. Temiendo que se les escapase la operación, intentaron, sin éxito, presionar al alcalde. ¿Cómo convencerles de que habrá trabajo para todos, de que yo me contentaría con coordinar el proyecto, diseñar su aspecto general y realizar algunos puntos significativos? Poco a poco, van asociándose. Más aún: originalmente, la obra debía ser realizada por la empresa constructora nacional Bouygues. Ante los precios demasiado elevados que proponía, tuvimos que cambiar de contratista y llamar a Bec, un constructor local. Se inician los trabajos. Aparentemente son inmensos, desproporcionados, demasiado ambiciosos para la pequeña ciudad que sigue siendo Montpellier. Por lo tanto, ni hablar de lanzar todas las operaciones al mismo tiempo. Primero hay que convencer, sensibilizar. Entonces decido hacer una apuesta fuerte, empezando por realizar la Place du Nombre d'Or. Con pequeñas empresas, casi artesanales, construimos este conjunto conformándonos a las tarifas fijadas por la oficina de los HLM. El ligero aumento de los costes quedará absorbido por la venta de las tiendas de la planta baja. De este modo se demuestra la viabilidad del proyecto. Puedo seguir adelante, ocuparme de las otras plazas y las calles centrales. E incluso pensar, en el futuro, en Port Marianne, esa nueva extensión hacia el mar. Esta vez, la complicidad con los promotores, políticos y contratistas es tal que exploramos una dimensión nueva: se invita a arquitectos internacionales como Leon Krier, Richard Rogers, Oscar Tusquets, Richard Meier o Norman Foster. La desconfianza se ha desvanecido por todas partes. El proyecto se ha transformado en una gran operación internacional que interesa tanto a los soviéticos como a los norteamericanos.

No siempre anduvieron bien las cosas. Sin

mencionar la polémica de Les Halles, cuyos edificios fueron demolidos cuando comenzaban a levantarse, podría citar el Arc du Conseil Régional, en el extremo de la perspectiva Antigone, que fue modificado sin cesar por las autoridades políticas que, se suponía, iban a ocuparlo. El proyecto había sido iniciado por el presidente socialista de la región y por el alcalde. Se continuó tras el cambio de gobierno. Y en cada ocasión tuvimos que rediseñarlo, rechazando sin embargo todas las adaptaciones que modificaban sus proporciones. Estábamos dispuestos a suprimir los edificios que circundaban originalmente el Arc, pero no a rebajarlo a cuatro plantas. Tuvimos que entablar una lucha continua para salvar la calidad del edificio y mantener una mínima coherencia estética.

Creo haber logrado salvar lo esencial. Aunque en ambos casos la realización de mis proyectos sólo fue posible porque intervine desde el comienzo de la operación, proponiéndome, de alguna manera, más como un socio que como un simple empleado del poder convocado en última instancia para maquillar programas que otros trazaron para él. Así es como se superan los obstáculos políticos.

Una arquitectura de actitudes variables

La elaboración del marco constituye una etapa indispensable en la práctica arquitectónica. Pero no se reduce al trazado de una forma hueca dentro de la cual mis gestos serían, de uno a otro continente, idénticos e intercambiables. En realidad, el contexto también determina el fondo, la naturaleza del proyecto y, al fin y al cabo, las posturas mismas de la operación.

Regresemos a los Estados Unidos. Antes de construir una torre, reflexioné largamente sobre la noción de rascacielos. Evidentemente, éste es intransferible. Es la resultante de tensiones técnicas y económicas, al tiempo que expresión del sistema capitalista.

Manhattan está formada por una historia de dólares: sobre esta estrecha franja de terreno rodeada de agua se ha establecido una de las capitales de las finanzas y la industria mundiales. Por tanto, fue necesario aumentar al máximo la población para rentabilizar el precio de los terrenos. Un fenómeno parecido produjo, a finales del siglo XIX, esas casas neoyorquinas de catorce plantas, más altas que las habituales, algo comparables a lo que son las grandes moradas florentinas: palacios que de hecho son edificios comerciales. Con ello cambió la escala, se dieron los primeros pasos hacia la monumentalidad: es decir, fue necesario recurrir a un vocabulario muy sofisticado que los constructores industriales proporcionaban por catálogo: frisos, columnas, frontones, adornan todavía hoy muchas de esas extrañas fachadas que se ven en el Soho.

Cerca de Central Park, donde el precio de los terrenos es ruinoso, cada promotor quiere realizar la mejor de las operaciones posibles. Las primeras "casas comunitarias" desafían, cada cual

con mayor ahínco, la verticalidad. Los edificios El-
dorado y San Remo, frente a Central Park, son
unidades habitacionales formadas por un vestíbulo de entrada, calles interiores y torres habitadas.
Una pequeña ciudad dentro de la ciudad.

El verdadero rascacielos, el de comienzos de
siglo, nace al mismo tiempo que los perfecciona-
mientos técnicos (la tecnología del acero, asociado al hormigón, y el ascensor que permite, sin
perder tiempo, el habitat elevado) y que una
nueva forma de capitalización: la altura del edificio ya no es una escapatoria, una manera simple
de ganar espacio, sino que, por el contrario, adquiere un valor positivo: es signo de poderío para
las grandes compañías, y promesa de comodidad
y espectáculo para sus ocupantes. Y como en
Nueva York todo se compra, se establece un sistema jurídico muy complejo, el «derecho a la
vista», que permite preservar luz y espacio. Un
promotor decide llegar más alto que lo autoriza-
do por la trama normal de los edificios: compra
alrededor de su edificio la garantía de que su vecino no construirá tan alto como él, pudiendo
ceder más adelante estos derechos, negociar sus
condiciones, especular con las ventas.

El célebre *skyline* de Nueva York, la silueta
de la ciudad que tanto impresiona cuando se la
descubre, es por tanto el resultado de restricciones jurídicas y operaciones inmobiliarias.

En sus detalles, la estructura de aquellas primeras torres, el lenguaje empleado, llevan ya la
marca del dólar. En efecto, una casa desmesura-
damente estirada plantea a los arquitectos un pro-

100

blema molesto: ¿cómo manejar de manera estética ese crecimiento monstruoso? Se empieza por recuperar todos los estilos: del clasicismo al barroco, pasando por el gótico. Pero muy pronto a cada uno de ellos se le añade una coloración económica. El gótico exige una piedra cincelada, como encaje, esculturas y falsas bóvedas. En otras palabras, los signos de un trabajo largo y costoso. Así, el gótico se convierte en símbolo de la riqueza.

Después, el pragmatismo recupera sus derechos e impone una utilización más eficaz del dinero. En lugar de superponer los órdenes, de reproducir —unas sobre otras— las mismas ornamentaciones con variaciones mínimas, se va a lo esencial. Normalmente, el transeúnte mira al frente: de modo que el trabajo de fachada se detendrá a la altura de su mirada. El cuerpo propiamente dicho del edificio se simplificará, se depurará. En lo alto, una serie de remates, los *set backs*, permite no sólo disponer apartamentos lujosos (los *penthouses*), sino sobre todo firmar el edificio, darle personalidad propia. Por lo tanto, se retoma la decoración en lo alto, con sus flechas características, tan reconocibles, que puntúan la ciudad vista desde el avión. Este esquema arquitectónico se repite de manera idéntica hasta los años cuarenta.

La revolución del rascacielos empieza con Mies. El construye el Seagram Building en contra del vocabulario neoclásico o neogótico, sobre todo en contra de la multiplicación de las fachadas de pesado hormigón, contrarias al propio es-

101

píritu del rascacielos, que prescribe que, para llegar alto, todo debe ser lo más liviano posible. Es un paralelepípedo de acero y vidrio cuya simple belleza está ligada a la pureza de las líneas y a la transparencia de los materiales.

Como si el rascacielos hubiera estado esperando esta liberación para lanzarse aún más arriba, la generación que sigue será la de los grandes desafíos a las nubes. El modelo del Seagram se convertirá en el soporte de todas las variaciones posibles, sobre todo con el concurso de tres arquitectos que se unirán para formar el mayor estudio del mundo: Skidmore, Owings y Merrill: SOM. Tiempo después, cuando Nueva York recupera la fiebre de la construcción, el World Trade Center llevará más alto todavía la barrera de los récords, con sus dos torres idénticas que a partir de entonces dominarán la punta sur de Manhattan.

A este nivel de desmesura, el sistema se bloquea, se detiene. Los usuarios del World Trade Center tienen problemas para adaptarse a vivir tan alto; la seguridad y la climatización necesitan salas de mando más costosas que las de un transatlántico; las cajas de los ascensores que deben comunicar rápidamente las plantas son demasiado numerosas y obligan a hacer escalas durante el trayecto para economizar espacio. Así se llega al límite de las posibilidades tecnológicas.

Por otra parte, hace ya años que las grandes compañías que ocupan las torres han empezado a cansarse de esa arquitectura demasiado ligera, demasiado transparente. El edificio de AT & T en Manhattan, del arquitecto norteamericano Philip

102

Johnson, con sus arcadas en la base y su fachada de granito ocre, fue el primer signo de esa voluntad de recuperar una tradición, de afirmar —para las sociedades que crecieron demasiado rápido— la solidez y la seguridad que aportan el pasado y la tradición europeas.

Por tanto, es así como hay que plantearse el rascacielos: como la resultante de fuerzas económicas, como una catedral elevada a la gloria del dinero, como la manifestación más concreta de las potencias telúricas que se enfrentan, a pocos metros de distancia, cerca de Wall Street. El rascacielos: «Una barrera en el azul; un cohete de fuegos artificiales, una pluma en el tocado de un nombre [Nueva York], a partir de ahora inscrito en el Gotha del dinero», escribía Le Corbusier. Desde entonces la ciudad ha experimentado todos los sinsabores y las convulsiones de las finanzas internacionales.

Por lo tanto, no se trata de llegar a Nueva York esperando cambiar el sistema, transplantar métodos u objetivos europeos. En esa competición financiera, el objetivo no puede ser —como en Europa— integrarse en un espacio público (la calle), sino al contrario, desgarrarla, diferenciarse de ella. Apenas se tolerará la obligación de plegarse a la trama ortogonal de las calles y avenidas y limitar, en ciertos barrios, la altura de los edificios. Tampoco puede pensarse en regresar al hormigón industrial. Le Théâtre d'Abraxas es impensable en Nueva York: el estado de la industria norteamericana todavía considera un producto de lujo el hormigón arquitectónico. El vidrio y el acero, que han hecho la gloria del rascacielos, continuarán llevándose la mejor parte.

¿Qué hacer, entonces? Evidentemente, aplicar ciertos conceptos desarrollados en Europa: volver a dar una geometría de conjunto al edificio, tomada tal vez de ese gigantesco monumento en altura que es el *campanile* de Florencia; regresar a tamaños más razonables, de cuarenta o cincuenta plantas, límite último antes de que se planteen problemas, complejísimos y costosos, de circulación interior. Después, cambiar de piel; razonar como un verdadero norteamericano con objeto de reabrir la puerta a la invención, como lo hizo Mies. Someterse al sistema, aceptarlo hasta llevarlo, desde dentro, a un grado de belleza que todavía no ha alcanzado.

En el transcurso de los proyectos, adopté esta lógica norteamericana. Adopté los criterios que configuran la definición misma de rascacielos: un objeto lo más liviano posible en el cual se rentabilice cada metro cuadrado de espacio, y que se valora por la vista que ofrece a sus ocupantes. La torre que construyo en Chicago estará formada por un núcleo de hormigón que albergará las tuberías, los huecos de las escaleras y los ascensores. Alrededor, un conjunto de columnas sostendrá las plantas. Una piel de vidrio, unida al cuerpo central mediante sujeciones de acero, dará transparencia y fluidez al conjunto. La base, visible para el transeúnte, estará cuidadosamente diseñada, lo mismo que el remate, para lo cual utilizaremos el arquetipo del templo que hemos trabajado en Europa. Entre ambos extremos, le imprimiremos un ritmo clásico a la fachada. Este fue el objetivo americano que me fijé: comprender los mecanismos que secreta ese objeto extraño que es el rascacielos; estudiar el estado del sistema capitalista y realizar a partir de eso una síntesis con mis propias orientaciones estéticas.

En la Unión Soviética, las conclusiones son distintas pero el proceso es semejante. Allí también hay que comprender la importancia que la arquitectura tiene en el país para, luego, tratar de encontrar la actitud más adecuada. En la URSS de la Perestroika, el alojamiento representa —tanto para los dirigentes como para la población— un desafío esencial. De aquí al año 2000, el país tendrá que contar con 40 millones de nuevas viviendas. El gobierno me ha invitado a participar en esa vasta operación. Es evidente que tampoco podré transportar allí, sin cambios, un proyecto elaborado en otra parte. Será necesario construir pieza por pieza barrios, calles, plazas. El interés de los soviéticos por mi arquitectura se remonta a la visita de una delegación de funcionarios a Antigone, en Montpellier. Sin embargo, la atención que allí se le otorga al espacio, a los ejes de simetría y a la perspectiva es típicamente francesa. Las búsquedas estéticas, el desarrollo de un lenguaje nuevo, no podrán ser transpuestos a un país donde todos los elementos de la construcción deben ser industrializados ya que uno de los logros de la Revolución, fue —debido a las condiciones climáticas— el de limitar al mínimo el trabajo en obra.

Por último, la URSS no es un lugar donde

pueda construirse el nuevo rascacielos: allí no tendría ningún sentido debido a que el rascacielos no es más que la expresión de un sistema que no puede existir en un país burocrático y centralizado. Llevar hasta allí elementos estándar, por variados que sean, significaría reproducir la catástrofe de los años sesenta, cuando Francia inundó el país con bloques de hormigón producidos en serie, reunidos en catálogo, que dieron como resultado la monótona repetición, a lo largo de kilómetros, de los mismos edificios, sin encanto alguno.

Industrializar es producir el máximo efecto con el mínimo número de piezas: lo malo es que así se agotan pronto las combinaciones posibles. De manera que no se puede realizar en la URSS un amplio proyecto sin tener en cuenta el contexto, el gigantesco mercado en el cual debe inscribírselo y que, en última instancia, le da su significación.

Por consiguiente, crear una arquitectura soviética moderna es inventar una estructura generadora que permita —tal vez a otros— variaciones e invenciones. Poco a poco aparece el marco: hay que crear una sociedad de economía mixta en la que nos asociemos con el gobierno; hay que poner a punto un sistema de pagos y compensaciones, en un país en el que sólo algunas ciudades dedicadas a la exportación disponen de divisas y pueden comprar bienes y servicios en el extranjero. El establecimiento del marco es parte constitutiva del proyecto.

Luego viene la implantación de los elementos

arquitectónicos: asociados a un constructor francés, proponemos una fábrica de prefabricación industrial; ésta no podrá desempeñar más que un papel piloto, indicativo: es difícil cambiar de hábitos o mentalidad, es difícil reconvertir de un plumazo las cadenas de montaje.

Aunque sean poco rentables e inadaptadas, las fábricas son, de alguna manera, el «patrimonio» de la Revolución. Es necesario contar con ellas, perfeccionar los sistemas. De modo que lo que vendemos es también nuestro *savoir-faire* puesto a prueba en Montpellier. Antes de que se firmen los primeros contratos entre los industriales franceses y soviéticos, imponemos una dimensión arquitectónica. Paralelamente, tenemos que dar el ejemplo: realizar proyectos significativos para clientes precisos, como colectividades locales, cooperativas e incluso sociedades. Se nos encuentra un terreno en Moscú. Nos ponemos a trabajar. Aunque todo lo que podamos hacer nosotros sólo vaya a ser una gota de agua al lado de lo que saldrá, lo que se simplificará y vulgarizará. De ahí la necesidad de crear una célula de investigación que incluya a arquitectos e ingenieros locales. Partiendo del clasicismo —que para mí señala la etapa importante de la búsqueda estética—, éstos reharán, tal vez a su manera, la historia de un arte hecho de superaciones y contradicciones. En este caso, el objetivo es suscitar una reflexión, hacer vivir la arquitectura. Emprendemos incluso la redacción de un catálogo que contendría todas las combinaciones y geometrías que pueden imaginarse partiendo de las piezas industriales que van a producirse. Por lo tanto, en la URSS el verdadero logro no pasa por la elaboración de objetos precisos, espectaculares, sino por la incentivación de una dinámica creadora. ¿Es realmente la misma disciplina que la que practico en Nueva York?

Esta es, en la actualidad, la fatalidad de la arquitectura: comprometida en la vía de la internacionalización, no puede evitar, so pena de quedar reducida a una simple repetición de funciones, la búsqueda de su propia instrumentación. De modo que, de uno a otro país, de uno a otro continente, se descubren ambiciones distintas, objetivos diversos. Para tratar de aclarar esta pluralidad de posturas, he citado mis propias experiencias, que por el momento están todavía en plena experimentación en Nueva York y en Moscú. Aquí, es la realización de un objeto nuevo que corresponde al rostro contemporáneo del sistema capitalista; allá, la simple voluntad de insuflar un estado del espíritu, de reconciliar la belleza y la industria, de adaptar un *savoir-faire* francés a condiciones nuevas. Tal vez con la esperanza de elaborar una arquitectura que necesitará un sistema en pleno proceso de mutación. Otros, en Hong-Kong, en Chicago, en las chabolas de México o los suburbios de París, descubren nuevas posibilidades para la arquitectura del mañana.

Es el fin de un mito único y una lección de humildad: no hay una sino mil maneras de ser arquitecto y siempre se nos escapa la ordenación total, absoluta, con la que soñaban los constructores del Renacimiento. No hay proyecto de totalidad, sino intervenciones parciales, forzosamente fragmentarias. Contratos cumplidos más con uno mismo que con los promotores. También la elaboración de una estética tropieza con esta experiencia fundamental de la pluralidad.

Crear

Hay que organizar el marco de la creación; perfeccionar un método que permita conciliar una búsqueda personal acerca de la duración y las restricciones precisas que imponen las obras, dominadas, debido a su propia naturaleza, por el dinero o la política; agregar flexibilidad y firmeza: tales me parece que son las condiciones previas indispensables para que la arquitectura sea otra cosa que un disfraz apresurado de máquinas donde vivir, en las que trabajar o a las que consumir, aunque se trate de bienes culturales.

No basta con pedir poder para el artista; también es preciso que éste tenga deseos de usarlo y de expresar algo mediante las piedras y la luz.

Más que cualquier otra forma de arte, la arquitectura no puede ser negativa. Debe construir, agregar un objeto allí donde a veces sólo existe un terreno baldío o un hueco abierto. Es la vieja pregunta de Parménides, renovada sin pausa: ¿por qué existe el ser en lugar del no-ser? Si el mismísimo ser se encuentra roído por la duda, ¡la respuesta es imposible!

Conocemos la tradicional distinción entre el artista y el intelectual: este último parte de lo real, de la sociedad, para analizarla, disecarla y criticarla. El artista, en cambio, parte de lo real para superarlo, para inventar otro mundo a partir del que le ha sido dado. Cuando el escultor alemán Joseph Beuys trabaja materiales pobres, cuando representa —mediante un contraste de formas— las oposiciones entre las clases sociales, expresa el malestar de una generación alemana de posguerra estupefacta ante las dudas que genera su propio «milagro». No inventa un mundo; su actitud se acerca más a la del intelectual. Este no es el terreno del arquitecto, que no puede contentarse con ofrecer una respuesta, por sutil que sea, a los problemas de su tiempo, sino ofrecer además su visión «constructiva», prospectiva, del mundo.

Aún hay que poder aclarar el contenido de esta visión. Esto es tanto más difícil cuanto que nunca es fijo sino que fluctúa, madura sin cesar. Necesito, pues, de la introspección ya que los proyectos tienen un desarrollo lineal y, más allá de su diversidad, traducen cierta coherencia. ¿Qué tienen en común mis obras? ¿Qué significado puedo dar hoy a mi arquitectura? Sin duda, el de una voluntad de organizar el espacio. Es la vuelta a la locura original, al deseo de espacio heredado de la infancia, a la angustia de la claustrofobia.

Sin embargo, ha sido necesario dominar, estructurar, dar forma a esta apetencia. Llevar a cabo un aprendizaje de la percepción, de la observación y de la geometrización de la naturaleza; un recorrido histórico. Así descubrí que para superar el entusiasmo inicial debía adquirir el dominio de un verdadero lenguaje. Es un concepto que no deja de tener ambigüedades.

La arquitectura del espacio

La educación de la mirada

En la arquitectura no hay niños-prodigio, precisamente porque se define como el arte de componer el espacio. Aquí, más que en cualquier otro oficio, los golpes de genio exigen paciencia y trabajo. Es un gusto —el de la armonía de las formas y del vacío— que se forma con el oficio; es una mirada que se educa día a día: el placer físico de estar en el espacio no puede saborearse más que después de una ardua educación. En este terreno, nada nos es dado. El reconocimiento de las formas, su aprehensión en sus distintas dimensiones, pasa por una construcción intelectual que va afinándose permanentemente.

Como en toda dialéctica artística, este trabajo de abstracción no constituye el objetivo último, sino el medio de alcanzar un placer que sigue siendo físico. Vale decir que el trabajo, los cálculos matemáticos, la cultura histórica, no hacen más que fundamentar un goce sensible, incluso un goce sensual.

Cada arquitecto tiene sus propios secretos para llegar a esa aprehensión del espacio, que, a su vez, debe ser lo más rica posible. Yo descu-

115

brí los míos en el transcurso de sucesivas experiencias.

Por ejemplo, extender el campo de visión hasta sus límites fisiológicos. El uso cotidiano reduce las posibilidades de nuestro ojo: percibe un objeto, pero elimina de inmediato todo lo que lo rodea. Sólo queda lo esencial. Por el contrario, yo me ejercito en captar aquello que la mirada, que generalmente se fija en el centro, deja en los márgenes. De este modo obtengo una primera imagen en la cual el objeto ocupa al máximo el espacio que lo rodea.

Luego, como en el desplazamiento de una cámara, está el movimiento. Con todas las variantes posibles, *travelling* o plano americano. Con el oficio, la primera imagen no se borra, sino que se compone, se mezcla con las que le siguen. La construcción del espacio se elabora a partir de esta superposición de planos. La tercera dimensión, el volumen, la profundidad, adquieren de esta manera un valor físico, material.

Otras veces tengo que trastrocar mis costumbres; devolver a la mirada su olvidada virginidad. No hay como un paisaje familiar para cegar una mirada. ¿Quién podría describir con exactitud las fachadas de su calle? En última instancia, el hecho de verlas todos los días nos las ha disimulado.

Lo que funciona con un paisaje o una calle funciona también con formas más abstractas: el ojo percibe aquí un triángulo, allá el cilindro de una columna o incluso un trapecio. Se identifica la figura. Pero ya es más difícil saber si está bien

116

proporcionada. A veces trato de quebrar por todos los medios la comodidad de la mirada que enmascara las imperfecciones. Inclino la cabeza, por ejemplo, mirando al revés, con la cabeza colocada entre las piernas: para sorpresa de ingenieros o capataces de obra, mis visitas están a veces llenas de contorsiones extrañas. Pero estos ejercicios cotidianos me resultan indispensables para aguzar la mirada y ejercer la facultad que constituye la esencia de nuestro oficio: que nos permite, a partir de un dibujo, de unos trazos sobre papel de calco, imaginar con precisión lo que será, en última instancia y en todas sus dimensiones, el espacio final.

Cómo abordo el espacio de una ciudad

Esta búsqueda de la abstracción, esta voluntad de superar lo anecdótico, de ir más allá de las curiosidades que producen sobre un edificio las manchas de color, los elementos decorativos o los simples recuerdos de la arquitectura regional, me conducen a abordar mis proyectos mediante aproximaciones sucesivas.

Cuando tengo que intervenir en una ciudad, procedo según tres etapas indispensables y complementarias: el paseo de peatón atento, el recorrido en coche y la vista a vuelo de pájaro.

Así, la primera aproximación es a pie. Indispensable para mirar cómo vive la gente, para ver

117

cuáles son sus hábitos, su relación con la calle, la plaza, la circulación automovilística. ¿Les gusta vivir fuera de sus casas? ¿Encontrarse en lugares públicos? ¿Cuáles son los trayectos habituales que escogen al salir del trabajo? ¿Adónde van por la noche? En una calle puede leerse todo: las relaciones que mantienen los individuos con la colectividad, con el dinero o con el poder. Más allá de este aspecto específicamente sociológico, va operándose en mi cabeza el paso de lo concreto, múltiple y diverso, a algunos esquemas más marcadamente abstractos.

Por ejemplo, si recorro un barrio de Nueva York, trato de ver, más allá de la trama ortogonal regular que parece ofrecerse, a primer golpe de vista, como la clave de la ciudad, la estructura más sutil que forma el ritmo en la altura, de las construcciones en calles y avenidas. Más allá de la diversidad de estilos, que en Nueva York puede ir del gótico al barroco, analizo al pasar la composición recurrente de los edificios, las tres partes distribuidas de manera más o menos armoniosa: primero la base de piedra, luego el cuerpo de ladrillo y, en las alturas, los remates de tejados y terrazas.

Obtengo así un destilado del dibujo de la ciudad y del ritmo de los edificios. Aunque siempre me falta el contexto: la articulación de esos pocos metros recorridos a pie con el resto de la ciudad.

Entonces hago el indispensable trayecto en coche. Las calles, las avenidas, que entreví de manera fragmentaria, adquieren ahora principio y fin. Sus fachadas diferentes me dicen cuál ha sido la historia de la ciudad. Por ejemplo, para comprender la evolución de Nueva York, es necesario bajar Broadway desde Central Park hasta el extremo sur de Manhattan, seguir la yuxtaposición de los distintos tejidos, estudiar las fachadas como un catálogo de formas. De este modo van dibujándose poco a poco los ejes de la ciudad, sus perspectivas, su estructura.

La visión aérea permite la última síntesis, la de la abstracción. Esta vez los volúmenes aparecen en su conjunto. Descubro, como en una maqueta, la trama del tejido que un edificio mal colocado o una calle mal construida podían disimularme todavía a nivel del suelo. Es decir, percibo la forma general de la ciudad, los lugares más o menos respetados que han permitido su desarrollo, las zonas enfermas.

Sólo entonces puedo insertarme en el contexto o, por el contrario, contradecir sus datos. Tanto en un caso como en otro, la realización del proyecto no será entonces el simple trazado de un punto, sino una reflexión sobre un espacio general. Tener en cuenta este espacio me es, por consiguiente, indispensable tanto para construir un edificio, un interior, como para hacer evolucionar la ciudad. Por ahí es por donde pasa la línea de demarcación entre los distintos tipos de arquitectura.

Lo lleno y lo vacío

En efecto, hay dos maneras radicalmente opuestas de abordar el espacio: desde lo lleno o desde lo vacío. El espacio es el infinito que nos rodea. El ser humano sólo toma conciencia de él a través de las líneas. Es preciso que lo estructuren un horizonte, un acantilado y, por qué no, un muro. Entonces el espacio se materializa ante nuestros ojos: como el juego de lo lleno y lo vacío. Queda por saber cuál de los dos elementos preferiremos.

El arquitecto de lo lleno piensa primero en el objeto. Un rascacielos, un monumento aislado, una torre del barrio de la Défense o el Centro Beaubourg. En el mejor de los casos, el resultado es Nueva York; en el peor, la explanada de la Défense.

En efecto, la Défense representa un esfuerzo desafortunado por practicar en Francia la arquitectura del objeto. Es el edificio el que cuenta y no el espacio que contiene o que lo contiene. Sin embargo, el objeto no consigue afirmarse por completo. En el transcurso de la famosa «guerra de las torres», el presidente de la República quiso preservar la identidad parisina. Para no destruir en la lejanía la perspectiva de la capital, donde la altura de los edificios está limitada a unos treinta metros, la talla de las torres se organizó según un abanico complejo que ponía trabas al impulso inicial. Resultado: los promotores desearon una arquitectura del objeto porque las empresas que se instalaban allí lo hacían, con frecuencia, cambian-

120

do sus inmuebles situados en el centro pero dispersos, mal concebidos y, sobre todo, inadaptados a sus personalidades, por torres independientes e identificables. De manera que querían un objeto hecho a medida que exaltara su imagen. Pero las proporciones posibles de este objeto se desorganizaron. La capital francesa nunca tuvo su Chrysler Building y los edificios de esta *city* truncada terminaron pareciendo extrañas criaturas de patas cortas.

Además Francia, poco acostumbrada a este tipo de arquitectura, no supo manejar la articulación mutua de estos objetos.

A causa de la separación, tan cara a los arquitectos de los años sesenta, entre el coche y el peatón, en la Défense es prácticamente imposible desplazarse utilizando las señales naturales que se perciben en el espacio. Todos los edificios están elevados por una losa de hormigón, los coches circulan por el subsuelo y son dirigidos hacia estacionamientos numerados que dejan al visitante desamparado, inseguro sobre el punto preciso en el que va a emerger.

Si se ha equivocado de salida, su desdicha sólo acaba de comenzar: concebida como una ciudad de oficinas, es decir, de personas sedentarias demasiado aficionadas a su propia sociedad como para ocurrírseles ir a ver la del vecino, es imposible recorrerla a pie. Se ve un edificio y se intenta llegar hasta él. Imposible. Las señales establecidas naturalmente por el hombre son inaplicables. Un sistema de señales muy minucioso pero con frecuencia sibilino se yuxtapone a su sentido de orientación natural. Se ve obligado a ir en contra de sus percepciones espontáneas. El espacio está desorganizado. No hemos logrado reproducir Chicago entre nosotros.

Nueva York: rascacielos y calles

Por el contrario, la conciliación del objeto y el espacio es lo que constituye la belleza de Nueva York. Esta ciudad exalta la arquitectura del objeto. El edificio, que cuesta entre 50 y 200 millones de dólares, tiene un nombre y constituye una entidad. El Chrysler Building, el Seagram Building e incluso la torre AT & T, llevan el nombre de la compañía que lo encargó. Además, en propio interés de estas sociedades, cada una de las construcciones exhibe orgullosamente sus señales distintivas, procura diferenciarse de su vecina. En este sentido es significativa la yuxtaposición de la torre AT & T y la torre IBM, en el *midtown* de Manhattan. La primera, obra de Philip Johnson, es de granito. Las arcadas de su base se relacionan con la tradición clásica europea, el techo de dos aguas reemplaza las flechas o las terrazas de las demás torres. Aunque sólo sea de cartón-piedra, el contraste con el edificio IBM es notable. En éste, por el contrario, estamos en plena exaltación de la tecnología. En la base, uno de los ángulos truncos forma un imponente voladizo sobre el cual se apilan las plantas de vidrio. El conjunto es mediocre, la realización técnica no es en verdad demasiado notable, pero de todos modos el edificio sorprende al transeúnte. Le da una imagen de tecnología muy sofisticada que corresponde perfectamente con lo que busca IBM.

El riesgo de este tipo de arquitectura, que prefiere el objeto en sí mismo, consiste en desdeñar el espacio público. La de Park Avenue es una extraña perspectiva, que se apoya en el reflejo de un rascacielos de comienzos de siglo proyectado sobre los cristales de la Pan-am Tower. Una de las avenidas más famosas del mundo es un callejón sin salida.

Pero Nueva York ha sabido hacer una excepción de este tipo de caso límite. Se ha respetado el trazado riguroso de las avenidas y calles pese a la carrera del dinero y la altura. Es posible pasear por las calles de Nueva York como por las calles de Europa. No hay plazas ni explanadas, sino un sistema particular de compensaciones y resarcimientos que obliga a los promotores a disponer, dentro de las torres, vastos vestíbulos de entrada, atrios climatizados y cuidadosamente decorados, donde se pueda entrar para pasear por ellos. La ciudad ha conseguido incluso interrumpir el desarrollo regular de la trama; saltarse, de algún modo, una decena de casillas para arreglar Central Park, ese microcosmos de naturaleza y campo en el corazón mismo de la urbe.

Por tanto, la carrera por el objeto ha sido dominada de acuerdo con leyes que le son propias. De pronto, en el interior de la ciudad se ha respetado la luz. El sol se hunde en calles apenas más anchas que callejuelas florentinas y sin embargo flanqueadas por torres que dan vértigo.

Por último, vista desde el exterior, la ciudad tiene un orden. La suma de todos sus objetos ha terminado por formar un todo. Esos elementos dispares, esos edificios que exhiben su identidad a toda costa, forman, vistos desde el mar, un objeto mágico. La ciudad más sofisticada de nuestra civilización ha reencontrado las leyes y la belleza de los peñascos del desierto.

La arquitectura del espacio

No obstante, este logro sigue siendo un caso aislado. El error de los urbanistas habría sido creer que este tipo de arquitectura era transportable, que se podía hacer un barrio, un suburbio o una ciudad yuxtaponiendo los objetos de esa forma. Todavía puede ocurrir en el caso de la Défense: este barrio financiero tiene el mérito de haber obtenido ciertos logros. Aunque lo más grave es haber creído que se podía hacer vivir a la gente en tales objetos fuera de todo contexto, aislados, puestos en medio de terrenos indefinidos, sin haber pensado nunca de manera global en su articulación mutua. Es el fin de la calle, el fin de la plaza que correspondía a una visión mediterránea de la ciudad. El arquitecto ya no concibe una sola fachada del edificio, sino los cuatro lados porque la casa ya no da a la calle.

124

Adoptamos la arquitectura del objeto cuando nuestra cultura y nuestra tradición nos empujan prioritariamente hacia la composición del vacío. Esta práctica, implantada a rajatabla, sin raíces históricas ni culturales, produce en la periferia de nuestras ciudades los desastres que conocemos.

En efecto, Europa, desde su cuna mediterránea, ha desarrollado la tradición opuesta: aquélla en la que la organización del espacio prima sobre la valoración de la propia materia. Esta manera de abordar la arquitectura se aplica tanto a la forma de cada edificio, siempre sostenida durante el Renacimiento por una rigurosa geometría, como a la ciudad, con sus ejes, avenidas y perspectivas.

Es el espacio el que dicta a la piedra sus formas y funciones.

Es indispensable vincular el desarrollo de la arquitectura clásica a esta aprehensión especial y selecta del espacio. Basta entrar en un templo antiguo para comprenderlo. A primera vista, se entra en un recinto, pero a través de las columnas la mirada se desliza hacia los cipreses y los olivos. Entonces, la naturaleza recortada, encuadrada así, parece hecha a nuestra escala. Los arquitectos han sabido encontrar las proporciones que hacen del exterior un espacio doméstico, hecho a la medida del hombre. La arquitectura es este triunfo del hombre sobre lo irracional.

Cuando levanta su primera casa para abrigarse, el hombre inicia la epopeya de la construcción. Pero sólo cuando intenta regular sus relaciones con lo divino y con el mundo que lo rodea mediante una organización del espacio es cuando hace el primer gesto arquitectónico.

Lo que en principio importa de un templo es esa armonía oculta que representa la clave de toda la composición. Es evidente que nace de un vaciamiento progresivo, de una desaparición lentamente orquestada de la materia: se parte del plano, de la simple pared vertical; después se agujerea ese muro: son ventanas, que a veces se alargan hasta el suelo para crear puertas. Después se fracciona el propio muro, se recorta casi hasta desaparecer. Entonces se obtienen las alineaciones de columnas que caracterizan los edificios clásicos. Progresivamente, van organizándose de manera cada vez más sutil la dimensión de los espacios entre las columnas, la altura, calculada en función del resto del edificio. Se crea un vocabulario para puntualizar las direcciones esenciales. El cielo no es el equivalente de la tierra. Ni el alba del crepúsculo. Un friso subraya la horizontal mientras los capiteles en lo alto de las columnas suavizan su articulación con la vertical. El apoyo en el suelo de esas mismas columnas queda subrayado por una base distinta, dibujada en armonía con el capitel, y así sucesivamente...

Con el transcurso de los siglos, estas organizaciones espaciales se diversifican, se entrecruzan, después se componen. Esta manera de concebir un edificio se extiende al tejido urbano. Las plazas, explanadas, bulevares y avenidas, los parques y jardines, regidos también por leyes de armonía y perspectiva, determinan el emplazamiento y la configuración de los objetos que los rodean. Nada

126

escapa a ello, ni siquiera la naturaleza; testigo de esto son los llamados jardines «a la francesa».

En el fondo, toda la historia de la arquitectura —pase por el Número de Oro o por los más sofisticados cálculos de proporciones— no es más que la expresión de un sueño: hacer de nuestro marco de vida un espacio armonioso. El objeto, con todas sus funciones, viene después, como una restricción que finalmente tampoco es tan difícil de asumir.

La reconciliación con el Mediterráneo

Geográficamente, antes del advenimiento de la arquitectura internacional que borra diferencias y particularidades, dos concepciones, la mediterránea y la nórdica tienen su implantación específica. Es una cuestión de intensidad lumínica: junto al Mediterráneo, algunos centímetros de relieve bastan para recortar una fachada. Con tanta mayor razón entre las columnas de un templo, reino del claroscuro, reparto de sol y sombra. Es ahí donde el espacio adquiere toda su densidad y recompensa espectacularmente al arquitecto que lo trabaja.

En Amsterdam o Bruselas, la luz no marca suficientemente los contrastes y los volúmenes no despliegan toda su profundidad. Una alineación de columnas, de arcos, tiene problemas para destacarse, adquirir un volumen, vibrar. Por lo tanto, emplear este tipo de vocabulario es contentarse con trabajar un motivo. Allí, una media columna, colocada en pilastra contra la fachada, no es más que un elemento de ritmo que estructura el espacio, sin animar por ello el vacío que lo rodea.

Arquitectura del norte y arquitectura del sur; espacio, composición, armonía, ciudad como espacio organizado, contra silueta, *skyline*, materia, volumen y tecnología triunfantes: por esquemática que sea, la distinción sigue siendo operativa.

Francia, situada entre dos influencias, con los pies en el Mediterráneo y la cabeza entre las nubes de Flandes, es una verdadera encrucijada. Sin embargo, en los últimos años hemos visto triunfar la arquitectura del objeto. En este caso, la admiración de los franceses por sus vecinos alemanes y sus primos anglosajones ha rayado en la imitación. La realización prima sobre la composición. El empobrecimiento económico del Mediterráneo da crédito a los valores que hasta ahora le eran ajenos. Las potencias de la cuenca mediterránea, apartadas de la competición internacional, padecen una tecnología importada sin poder imprimirle la menor dimensión estética.

¿Fatalidad? Por el contrario, la historia de la arquitectura nos demuestra que el combate entre estas dos concepciones de la arquitectura no termina forzosamente en detrimento del espacio. El Renacimiento ya vivió este lento ascenso de la actividad económica hacia el norte.

Tal vez Palladio sea el ejemplo más característico. Hasta entonces, se conocían la villa y el templo, puntuados por un vocabulario específico: cúpulas, columnas, pórticos. Este tipo de construcciones estaba ligado a dos ciudades, Atenas y Roma, y a una religión politeísta que fue reemplazada por la Iglesia Católica. Por otra parte, con el tiempo se habían diversificado los centros culturales y económicos: Roma, Florencia, Venecia o Nápoles... La arquitectura ya no tenía una sola capital, sino muchos laboratorios.

Palladio construye en Vicenza, en la Italia del Norte. Evidentemente no es Brujas, pero hay días en que las nubes se extienden, la ciudad desaparece bajo la bruma o el frío impide pasear por las calles. En todo caso, el clima no es el de Roma o el de Atenas. En cuanto a los dioses, han huido. Habría basílicas por construir en Venecia, pero lo esencial está en otra parte; el gran trabajo consiste en construir mansiones para los comerciantes enriquecidos por la expansión económica de esas ciudades en la encrucijada de Oriente y Europa. El genio de Palladio consiste en utilizar la estructura del templo antiguo para cubrir el patio de las mansiones; en inventar un nuevo tipo de arquitectura que traslada al dominio de lo profano las reglas de armonía utilizadas más de mil años antes para glorificar lo sagrado.

Hubiera podido construir objetos mucho más espectaculares que hubieran exaltado igualmente bien el poder económico de sus clientes. Sin duda, los burgueses de la época se hubieran felicitado por ello: pero fue más lejos, hasta la organización de un sistema complejo de volúmenes y vacíos perfectamente articulados. Para mí, Palladio no es sólo el inventor del estilo que lleva su nombre y que fue retomado por todos los arquitectos neoclásicos, sino sobre todo uno de los escasos grandes maestros capaces de elaborar una composición personal. Cambio de lugares, cambio de funciones: pero no por ello el espacio se inclinó ante el objeto.

Todavía percibo esta tensión en Metz, a algunos kilómetros de la frontera alemana. Anexionada después de la derrota francesa de 1870, esta ciudad, más que ninguna otra, lleva la marca de la arquitectura alemana. En medio de jardincillos algo ridículos, las villas coquetas, ventrudas, brillan con todo su falso esplendor. Los estucos y hierros forjados dan toda su especificidad al llamado barrio «alemán».

Sin embargo, la tradición francesa, la tradición de la ciudad y el espacio, no puede borrarse de un plumazo. Aquí el desorden barroco de las ciudades alemanas se inclina ante un trazado de calles y avenidas típicamente francés: los alemanes «germanizaron» Metz al pasar la frontera; pero, como compensación, «afrancesaron» su urbanismo. La tradición clásica era demasiado fuerte: en el siglo XVIII la ciudad había tenido su arquitecto de genio que le había hecho descubrir la belleza de un espacio mineral sabiamente organizado. El arquitecto francés François Blondel le dio ese encaje de plazas que crea, en el corazón de la ciudad vieja, un sorprendente cambio de escala. Sobre todo, demostró que, si se adaptaba el vocabulario, si se encontraban nuevas relaciones de proporción que se correspondieran con las características climáticas y culturales de la ciudad, el arreglo del espacio era más importante que las hojas de acanto y los angelotes encima de las ventanas.

La modernidad ha reemplazado estos motivos anticuados por enfrentamientos entre materias, con alianzas de materiales que constituyen lo esencial del mensaje. Desde el siglo XIX, Europa ha temblado con la exaltación de la construcción, tal como lo atestiguan la Torre Eiffel o el Chrystal Palace de Londres: afirmamos nuestra maestría técnica al tiempo que perdemos nuestro sentido de la armonía; la derrota del Mediterráneo es también la progresiva desaparición de la arquitectura del espacio.

De golpe se comprende el sentido que atribuyo a ciertas búsquedas del Taller. La utilización sabia del vidrio o de las estructuras metálicas nunca constituye un fin en sí mismo. El vidrio, como el hormigón arquitectónico, no es más que un instrumento que permite implantar en otra parte, y con todas las modificaciones indispensables, ese dominio del espacio que se forjó en Florencia o Venecia. Yo desearía, tal como lo consiguió el maestro de Vicenza, dominar técnica y función para difundir algo más ese sentimiento mediterráneo de la arquitectura que hoy se nos escapa. Es una búsqueda difícil, siempre insatisfecha, que a veces adquiere aspectos paradójicos.

Así sucede en Chicago. Aparte de la torre de la que ya he hablado, diseñé un proyecto a la entrada de la ciudad. Una sucesión, voluntariamente repetitiva, de viviendas integradas en un semicírculo de 150 metros de largo, compone un edificio de factura clásica. La composición, que es la de un teatro griego, está muy marcada culturalmente.

Ahora bien, como hemos visto, en esa ciudad, que se enorgullece de poseer los más bellos rascacielos, la arquitectura del objeto reina sin rivales. No hay derecho a la vista para arbitrar diferencias, las restricciones reglamentarias en materia de urbanismo son muy ligeras. La construcción y el dinero se devuelven mutuamente su imagen exaltada, magnificada.

Pero mi proyecto está algo fuera de la ciudad. Lo bastante como para que exista espacio suficiente para percibir la silueta general. Oriento la media luna, las gradas de mi teatro, de modo que el espectáculo de la ciudad a lo lejos sea el fondo del escenario. Aquí el *skyline* —que como hemos visto es el resultado de una yuxtaposición de objetos— se recupera como un elemento de perspectiva. Así, trato de seguir las reglas del juego del país que abordo, de adoptar sus sistemas, conservando los principios fundamentales de mi propia evolución, en los que prima la elaboración del espacio, del vacío. En cierta forma, es un cambio de sentido.

Resta decir que esta elaboración del espacio no debe limitarse a la simple fantasía del arquitecto. Para llegar a las raíces inconscientes de una comunidad y de nuestra voluntad de trascendencia, ella debe, a un tiempo, inscribirse dentro de un proceso natural y aferrarse mediante puntos de anclaje a nuestra memoria. Así pues, la exploración y utilización de la naturaleza representan para mí fuentes de inspiración fundamentales.

EL TEATRO NACIONAL DE CATALUÑA

El Teatro Nacional de Cataluña, situado cerca de la Plaza de las Glorias, salida norte de Barcelona, es uno de los proyectos emprendidos por el gobierno de Cataluña en la óptica de los Juegos Olímpicos de 1992. Personalmente, es una ocasión para confrontar dos geometrías que hasta ahora había tratado de manera separada: la del teatro y la del templo. La combinación del espacio interior y el espacio exterior plantea cierta cantidad de problemas de composición. La ambición no es la de crear un templo y después un teatro, sino un teatro dentro de un templo. Por ejemplo, habrá que observar, en torno a la sala, la columnata ligerísima que puntúa el muro.

133

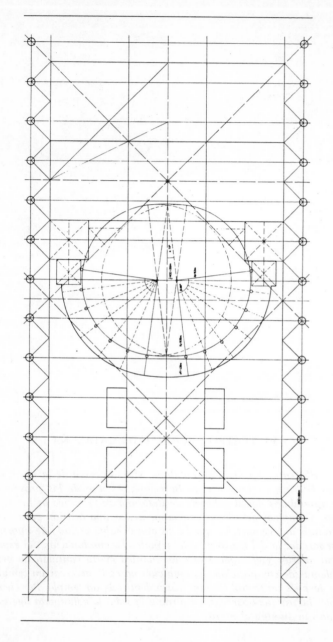

Vista exterior

Vista interior

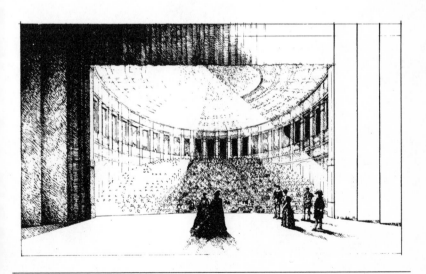

135

Vista exterior

Vista interior

Los valores esenciales

El regreso a la naturaleza

Como hemos visto, definir la arquitectura por la organización del espacio es diferenciarla de la construcción. Ambas actividades, que a menudo se confunden, traducen en realidad relaciones diametralmente opuestas entre el hombre y la naturaleza. Cuando el hombre experimenta la necesidad de construirse un abrigo, lo hace empujado por una amenaza exterior: se protege del frío, de la lluvia, de las bestias salvajes. Es el débil que se defiende. Por el contrario, cuando levanta una piedra para marcar una tumba, cuando traza un templo para poner en él dioses con rostro humano, no mantiene con la naturaleza una relación de conflicto, sino más bien de reto. Ya no se opone a ella, sino que la observa para transformarla de la mejor manera, para modelarla a su imagen e imponerle los signos de su trascendencia. Entonces se comprende la importancia que reviste para un arquitecto el estudio de los elementos y de las leyes naturales. Es como si necesitara trabajar incansablemente sobre las formas que lo rodean para retomar el contacto con la esencia de su arte.

Es de nuevo el desierto. Y el descubrimiento que supusieron para mí las pirámides de Egipto. El primer gesto verdaderamente arquitectónico: el hombre traza el plano horizontal cuyo ejemplo es la pirámide de Sakkarah, la más antigua, hecha de gradas y, en cierta forma, de mesas horizontales apiladas. Dispone de una base, de un elemento fijo que le permite prolongarse en otras direcciones. Además, la técnica evoluciona: luego vendrán la línea oblicua y la composición triangular de las pirámides clásicas.

¿Es una victoria del hombre sobre el aparente caos de la naturaleza? Todo lo contrario. Es una profunda connivencia. Hay que pasar largas horas en las arenas del Teneré o en las riberas del Nilo; ver cómo la luz menguante abraza extrañas dunas que nada deben a la mano del hombre. Todo está allí: las leyes de los materiales, las relaciones de formas, de escala, la pureza de las figuras, la composición de los triángulos. Los constructores de pirámides se contentaron con geometrizar la naturaleza, depurar los elementos que tenían ante su mirada para extraer de ellos sus leyes esenciales.

Algunos vuelven del desierto con los ojos alucinados y la cabeza llena de extrañas cosmologías. Es como si ese universo sin certidumbres, incluso demasiado desnudo como para sugerir el sufrimiento y la muerte, delatara la presencia de Dios. Abraham, Jesús, Mahoma o Zaratustra: los grandes místicos nacieron en la periferia de estos espacios vírgenes. Los profetas necesitan estos retiros minerales antes de encontrarse con la muchedumbre de fieles.

El arquitecto recibe allí la lección más magistral que existe. Granito, roca desmenuzable, erosionada por los vientos y la arena. Todas las variantes de la materia le recuerdan sin cesar esta evidencia que él se obstina en negar: la frialdad orgullosa de la piedra sólo es tiempo detenido, movimiento eternamente suspendido.

Y también vemos el desafío de la composición, la que nunca realizaremos. En la base de un peñasco que se levanta sobre un horizonte sin límite, hay arena. El material más blando, abajo. Un sueño imposible, contra toda lógica de construcción; o de pronto, súbitamente percibidas sobre una cresta, enormes masas en saliente, como un Gaudí...

Asimismo, un interminable catálogo de formas necesariamente ordenadas por los vientos: la arista cortante de un circo en torno a un pico erizado; la rendija entre las rocas de una montaña que ya nos sugiere la puerta urbana o el arco de triunfo; las piedras apiladas, en equilibrio, que recuerdan frontones; composiciones del azar y del viento que forman extrañas figuras. Incluso allí se encuentran las bases de la modernidad: un bloque de granito admirablemente formado, esculpido y partido en dos, limpiamente, como por un hachazo. Una geometría perfecta aunque fragmentada, cuyo estudio mediante la simple superposición del papel de calco, consigue sacar a la luz las relaciones de proporción, los ejes de simetría, las leyes que generan las figuras.

También en el desierto aprendí a manejar los contrastes de escalas, a multiplicar las posibles lecturas de un edificio. Hay ciertas colinas que, vistas de lejos, desgarrando bruscamente el horizonte sin cesar recomenzado de las dunas, son ya, en potencia, objetos arquitectónicos. Su silueta, muy potente en ese universo chato, se impone. Al aproximarnos, descubrimos un nuevo tipo de interpretación. Los peñascos se recortan, juegan con lo lleno y lo vacío, con la sombra sin matiz y la luz absoluta; las formas se multiplican, siempre más complejas, más simbólicas; el granito se transforma en mascarón de proa, rostro o cuerpo de mujer, criatura monstruosa salida de todos los fantasmas. Más cerca aún, esta lectura simbólica se borra; entramos en el dominio de lo no figurativo. La textura de la roca se reduce a un juego abstracto de verticales y horizontales...

La pirámide de Ra procede de la observación de una naturaleza semejante. En la periferia, la arquitectura egipcia, la de los templos monumentales como Karnak, empieza a utilizar otros elementos, extraídos de lo vegetal. Por ejemplo la columna nace del tronco de la palma porque en su origen el capitel no es más que una imitación ingenua de su follaje. Los griegos retomarán la idea, la harán más geométrica y se servirán de ella para articular pilares y frontones.

Después, la civilización se traslada a las costas del Mediterráneo. Es el descubrimiento de las proporciones. En la naturaleza bruta, el hombre integra su propia presencia; la mirada se dirige hacia las lejanías que se abren al mar frente a Atenas. A partir de ahí, el diálogo se sitúa entre la tierra y el mar, entre lo conocido y el infinito.

En torno a él, todo le susurra al hombre griego que es posible un acuerdo. La línea del horizonte sobre un cielo sin nubes ahuyenta a los espíritus demasiado brumosos. En medio de las rocas, el mar recorta calas que representan otros tantos espacios a medio cerrar. Esos acantilados no producen horror, se organizan como un circo, montan el espectáculo del hombre frente al mar. ¿Acaso no está ya allí el hemiciclo del teatro griego? Ligado, como hemos visto, a la intensidad de la luz que le da toda su profundidad al espacio, el desarrollo histórico de la arquitectura en torno al Mediterráneo se halla también, sin lugar a dudas, determinado por el paisaje que lo vio nacer. La geometría clásica, fundada sobre una unidad esencial entre el hombre y la naturaleza, se contentará con sistematizar lo que por todas partes sugieren las rocas, los vientos y la sal.

Todavía no conozco los hielos del Polo Norte, pero, ¿quién sabe? Tal vez observando un iceberg, la geometría de los hielos, la proporción de la superficie rota en su horizontalidad o incluso la incidencia de la luz en las facetas de un prisma, avance aún más en la comprensión de las arquitecturas del vidrio.

La creación necesita de este regreso a las fuentes que exige la articulación de nuestro trabajo: superar la naturaleza, ordenarla, para desafiar el tiempo, el azar y la muerte.

La necesidad de la historia

La arquitectura, sometida a la observación de las leyes inmutables de la naturaleza, no deja de ser por eso una forma de cultura. Como tal, tiene su historia y vive al ritmo de las otras disciplinas artísticas cuyas dudas y contradicciones comparte. Testigo de esta interrelación de las artes es la actividad de un Leonardo da Vinci, a veces pintor, a veces arquitecto; también el eco de ciertas construcciones en la pintura del Renacimiento que descubre, con la perspectiva, la posibilidad de representar el espacio en el plano.

De igual manera, a comienzos del siglo XX podríamos encontrar correspondencias entre el fauvismo, el cubismo, el surrealismo en literatura o en pintura, y la arquitectura. Como todas las formas artísticas, la arquitectura vivió después su crisis de identidad. La vanguardia pasó del hacer al cómo hacer. La disciplina se interrogó sobre su esencia y cuestionó sus tradiciones.

Yo descubrí la arquitectura en medio de esta crisis. La modernidad lo proclamaba: era necesario romper con el estilo decorativo, anecdótico, desarrollado en el siglo XIX bajo el nombre de neoclasicismo, que limitaba la arquitectura al arte de la fachada y a la decoración. Tanto para Le Corbusier como para Mies van der Rohe, la estética científica, que apelaba a lo esencial y reposaba sobre leyes necesarias, proporcionaba otro modelo. Basta de arcos, frontones, columnas. El edificio, objeto construido para la modernidad, tiene su arquitectura específica. El vocabulario se reduce a dos palabras: vertical y horizontal, articuladas en el volumen general pero también en la disposición de las aberturas. Los materiales están allí en su pureza esencial, brutal.

Evidentemente yo admiraba esta revolución, esta depuración realizada por la modernidad. Pero el hecho es que a continuación esa modernidad iba a cerrar, con el concurso de todos sus sucesores, la puerta a la invención. La arquitectura que veía a mi alrededor en Barcelona, puesta en práctica por promotores sin escrúpulos, era a todas luces desastrosa. Para ello había por lo menos tres razones.

Una arquitectura de tradición vernacular, que, creíamos, nos dispensaba de trabajar las fachadas, había sido recuperada por los arquitectos comerciales que multiplicaban los bloques de hormigón en los suburbios y las torres de vidrio en los sectores financieros.

Era una arquitectura que mataba la ciudad. No solamente por la imposibilidad técnica en la que se encontraban entonces para articular los bloques de hormigón, alinearlos a lo largo de una calle, sino también por la dimensión filosófica que introducía: era la exaltación de un mundo mineral, artificial, que glorificaba el coche, la industria o la electrónica, pero no al hombre.

Chocaba sobre todo con problemas de repetición. Era la época en que se constituían enormes empresas de trabajos públicos, en la que Europa tenía que afrontar la mayor demanda de viviendas que jamás había conocido, y los arquitectos elegían ese momento para reducir su vocabulario

143

en lugar de enriquecerlo. Abordábamos la era post-industrial con menos palabras que las que jamás habíamos tenido. En estas condiciones, la arquitectura se volvía fatalmente «internacional» en el peor sentido del término. Desde París a Moscú, construíamos el mismo paisaje uniforme.

Historia de un recorrido

En mi caso, no se trataba de regresar al neoclasicismo, ligado a un orden social que rechazo. Pero tampoco había que adoptar aquella arquitectura funcionalista sin alma. De modo que busqué en torno a mí, en el Mediterráneo, otras soluciones. Partí hacia Ibiza.

En la isla, todavía no hormigonada por las construcciones que serán el precio de su gloria, descubrí sobre todo otro tipo de arquitectura: los cubos blancos de la ciudad vieja que se adhieren al flanco de la colina, esos volúmenes que se suman sin que un urbanista decida su ordenación general sino simplemente según la necesidad de las familias; en fin, esa reconciliación entre el azar y la necesidad me parecía una posibilidad nueva de construir —sin volver por ello a las fachadas tradicionales— ciudades cuya expansión. nunca es totalmente previsible.

Allí descubrí el principio, en estado bruto, de las orillas opuestas del Mediterráneo a ambos lados del desierto. En el centro, no hay nada o

144

casi nada: el conjunto de tiendas de los nómadas, que viven y mueren según el fluir de los pozos de agua. Es otra historia. En cambio, la arquitectura de las aldeas en las márgenes del desierto fue abundante en lecciones para mi trabajo de aquel momento.

Primera lección: la belleza de la construcción no está relacionada con el nivel económico de sus habitantes. Aquellas casas de tierra, incluso anteriores al invento del ladrillo, desafían sin complejos nuestros edificios de vidrio y acero: no hay colores ni adornos, sino sólo una articulación de líneas y ángulos. Las ventanas son estrechas para protegerse del calor. Simples aberturas. Los balcones y terrazas no se construyen en relieve, como se hacía en esa misma época a lo largo de toda la Costa Brava, sino que están encastrados en el mismo plano del muro. Son habitaciones abiertas, prácticamente invisibles para el transeúnte.

Nace para mí una nueva filosofía; la de una intervención arquitectónica reducida al mínimo: se agregan cubos, formas simples, básicas, para alojar al hijo de la familia que se casa; después, para los animales. Sobre todo es una vida comunitaria reunida en oasis que contienen en germen todo el arte de los jardines árabes. Allí, la naturaleza está separada de las casas, pero al mismo tiempo es indisociable del pueblo. Dentro de los cubos, no hay separación de las funciones porque la habitación principal sirve al mismo tiempo de dormitorio, sala o cocina. No hay célula familiar aislada ya que en la alcazaba, las terrazas, los patios y las calles componen un laberinto, un sistema

145

de comunicación. Visto desde fuera, el pueblo tiene la monumentalidad de un peñasco del desierto. Recorrida por dentro, las callejuelas, convertidas en patios o en escaleras, componen un espacio doméstico, tranquilizador y comunitario.

Mis primeros proyectos se inspiraron en esta arquitectura vernácula. La Muralla Roja, por ejemplo, en la costa de Alicante, retoma sus elementos principales. Sobre un acantilado que cae en picado al mar, hay una composición de líneas muy sobrias, verticales. Desde el exterior, el edificio recuerda un *ksar* del otro lado del monte Atlas. Las puertas y ventanas, situadas en huecos, ocultas por la sombra, son prácticamente invisibles. Se trata de una arquitectura sin fachada. Dentro, una multitud de pasarelas hacen posibles el ir, en el plano horizontal, de un punto al otro sin tocar el suelo. Es el urbanismo de alcazaba actualizado mediante puertas urbanas, balcones inaccesibles, que dan al conjunto un toque surrealista.

Sin embargo, cuando llevo al extremo estas teorías descubro sus límites. Dos proyectos, dos experiencias y, al fin y al cabo, dos decepciones. En el transcurso de una gran fiesta popular que reúne a músicos, pintores y actores, vendemos los apartamentos de una futura Ciudad en el Espacio para Madrid que inventa un nuevo arte de vivir, apoyándose en una maqueta. Son tres años de trabajo para una veintena de arquitectos. Se retoman en gran escala todos los principios de la arquitectura sin arquitecto, células habitacionales que permiten a cada uno adoptar la forma de sociabilidad que le conviene. La sociedad de Franco rechaza este cuestionamiento de la familia y la propiedad. La policía rodea nuestra reunión; la fiesta es tristemente interrumpida y el proyecto vuelve definitivamente a los cajones.

Y allí se quedará, porque el otro proyecto, realizado, demuestra la imposibilidad de trasladar, sin modificaciones, la arquitectura vernácula. El Walden 7, en la periferia de Barcelona, parte de las mismas teorías. La monumentalidad del edificio se combina con las improvisaciones del paseante interior; inventamos un nuevo sistema de venta que rompe la noción tradicional de propiedad. El edificio tendrá que ser completado por un segundo y el conjunto formará una ciudad autónoma en el corazón de aquel baldío industrial. Artistas, escritores y filósofos ocupan masivamente aquella construcción que, se supone, va a crear un nuevo estilo de vida. Después viene la lasitud. Faltan los medios. El edificio nunca queda realmente terminado, los materiales se deterioran; de allí saco la amarga impresión de que es imposible transplantar los modelos, ni aun adaptándolos. Al mismo tiempo, me hago consciente del fracaso definitivo de la modernidad: es imposible integrar aquellos edificios en un tejido; es imposible componer objetos entre ellos, crear calles y, a fin de cuentas, ciudades.

LA MURALLA ROJA

La fachada como resultado de composiciones geométricas. La Muralla Roja, cerca de Alicante, se levanta a modo de una escultura arquitectónica. En su interior quise romper la antigua distinción entre lo particular y lo colectivo: los diferentes apartamentos están unidos por pasajes, terrazas, escaleras y patios. El ojo percibe estas encrucijadas geométricas como un verdadero laberinto.

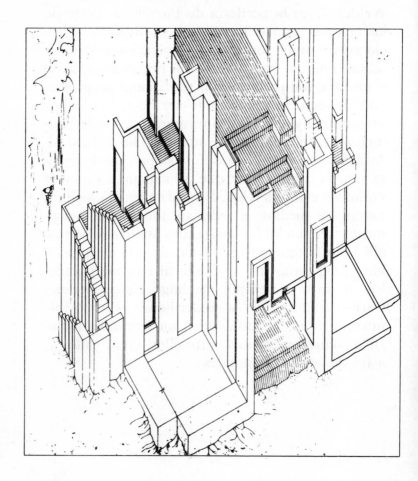

WALDEN 7 Y LA FABRICA

Cubos y silos... El dibujo reúne en una misma perspectiva el proyecto del Walden 7 y el de la Fábrica, donde vivo actualmente. En él se ve bien el principio de composición del Walden, dibujado como una alcazaba en el espacio: los cubos apilados unos sobre otros componen un peñasco de líneas oblicuas. Es la geometría de la O y de la X. En el interior he multiplicado voluntariamente las vertiginosas caídas en picado, las brutales inversiones de perspectiva. Deseaba que el habitante sintiera con mucha intensidad el espacio. En esa época, la introducción de líneas oblicuas en la construcción industrial había constituido una pequeña revolución.

Universalidad sin uniformidad

¿Qué hacer? Mientras tanto, la arquitectura islámica me ha conducido a una relectura del estilo catalán, contaminado también por todas esas corrientes orientales. Dos o tres realizaciones en el centro de Barcelona me valieron la reputación de «regionalista crítico». Se trataba de intervenir en un tejido urbano proporcionando una respuesta concreta, no folklórica, a las construcciones existentes. La utilización del ladrillo tal como saben usarlo los maestros catalanes, el juego de luces que permiten las celosías de cerámica, las gárgolas y chimeneas esculpidas al estilo Gaudí; todos estos elementos revisados, y adaptados, a veces, a funciones nuevas, crean una arquitectura específica, muy marcada por las tradiciones locales, aunque al mismo tiempo depurada, racionalizada.

Una vez más, vivo todos los límites del sistema. Con una estética así, construiría únicamente en Barcelona. Sería una curiosidad local. Pero aún no es posible pasar las fronteras. Realizo un nuevo recorrido de la historia en busca de una universalidad sin uniformidad.

Esta necesidad de encontrar un medio de diseñar una ciudad y tratar la repetición ligada a la industrialización de las obras me impulsa a estudiar las respuestas dadas por arquitectos anteriores a mí. La composición depurada de los elementos, por rigurosa que sea, no basta para evitar la uniformidad. El espectro de los monótonos suburbios que corrompen las periferias de nues-

150

tras metrópolis es más amenazante que nunca. Necesito reencontrar la noción de fachada que superpone un rostro humano a la organización geométrica. Aunque siga pensando que lo primordial es el espacio, necesito signos para puntuarlo.

A veces hay coincidencias felices. Aquel regreso al patrimonio histórico se produce cuando realizo mis primeros proyectos en Francia, en las Villes Nouvelles. Redescubro la tradición en un país donde todo la exalta pero nadie se hace cargo de ella.

Después de la Petite Cathédrale de Cergy-Pontoise, proyecto abortado que utiliza para la construcción de HLM los principios generadores del gótico, viene el Théâtre de Marne-la-Vallée, verdadero resumen de historia de la arquitectura, sobrecargado de alusiones y recuerdos, que señala una orientación nueva hacia los principios de composición y expresión clásicas.

La modernidad del clasicismo

¿De qué se trata exactamente? Los principios de la arquitectura clásica, establecidos entre los siglos V y IV en Grecia, conquistaron Europa en su conjunto. Codificados por Vitrubio, modificados por los arquitectos del Renacimiento y después por distintos autores como los franceses François Blondel e Hippolyte Durand, vulgarizados y aburguesados por el neoclasicismo, no sólo

151

atravesaron las fronteras, sino también los siglos. Nunca impidieron expresar sus personalidades a los verdaderos creadores.

Sin embargo, al hacerlos míos hoy, desato una polémica. Ser clásico después de la modernidad es forzosamente ser reaccionario. De paso se olvida que, cuando Brunelleschi construyó la cúpula de la catedral de Florencia, sus referencias a la Antigüedad adquirieron un valor casi revolucionario: exaltación del hombre, diálogo directo con una civilización campesina, afirmación de lo humano en la construcción de un edificio religioso. En aquel momento, el regreso a la historia se veía como un gesto progresista.

Su gesto fue acompañado por innovaciones técnicas. Para construir la bóveda de la cúpula, Brunelleschi empleó tesoros de ingenio y supervisó él mismo los trabajos, de principio a fin. La inspiración clásica no significa arcaísmo tecnológico, sino, al contrario, innovación y, sobre todo, vínculo del fondo y la forma, trabajo sobre un lenguaje y búsqueda de las condiciones que le dan toda su fuerza.

Sin embargo, esta dimensión del clasicismo ya no vuelve a aparecer. En el transcurso de la historia, la vuelta a la Antigüedad greco-romana cambia de sentido. Degenera en manierismo. En el aspecto teórico, la referencia a Vitrubio adquiere gradualmente en la arquitectura un lugar igual al de la filosofía de Aristóteles en la Edad Media: un principio de autoridad, de conservación, de orden.

Son los rígidos poderes políticos los que recuperan el clasicismo. Este se convierte en el símbolo de una autoridad que bloquea toda tentativa de evolución y manifiesta su permanencia a golpes de columnas y frontones.

La burguesía triunfante del siglo XIX lo adopta como signo distintivo de gusto y de riqueza. Los órdenes y capiteles corintios distinguen la casa del amo de los almacenes. La propia palabra registra este empobrecimiento del sentido en su uso corriente: es clásico todo aquello bien conocido, repertoriado, institucionalizado.

Por supuesto, no son estas razones las que me impulsan a emplear, en la época del acero, del vidrio y las resinas más sofisticadas, un vocabulario clásico.

No. Lo que sucede es que la utilización de esta estética me permite resolver determinada cantidad de problemas planteados desde el comienzo por nuestros distintos proyectos. La arquitectura clásica me ofrece la posibilidad de estudiar la ciudad dentro de una tradición europea, de conciliar creación con variación y, sobre todo, de aportar una solución a los rigores impuestos por los magros presupuestos en el campo del habitat social.

Una ciudad europea. Resulta casi una tautología: una ciudad está hecha de calles; a lo largo de esas calles se alinean casas unidas entre sí. En el mejor de los casos, estas casas tienen personalidad propia y se integran en un conjunto. Las ciudades más hermosas, como Florencia, se han creado dentro de una trama como ésta: hay intervenciones, sucesivos agregados, a veces contradicciones, pero jamás ignorancia. Allí, cada ar-

153

quitecto, cada escultor, aportaron su obra. Brunelleschi trastornó la escala pero no la suprimió. La belleza de su cúpula tiene en cuenta el contraste con las callejuelas que la rodean.

Son dos las lecciones que extraigo de la observación de la ciudad mediterránea clásica: es posible hacer marcados gestos arquitectónicos sin despreciar no obstante el contexto y romper las relaciones de perspectiva y armonía; además, es posible conciliar el individuo, la creación y la lógica urbana. Es una línea orientativa para las distintas personalidades. Esta lección me será preciosa cuando tenga que organizar en Montpellier el nuevo barrio de la ciudad. El clasicismo nos proporciona una especie de base común, de rigor impuesto, que permite a cada creador realizar variaciones sin caer por ello en la incoherencia.

Orden, creación y variación. El clasicismo —arte de organizar el espacio según dimensiones humanas, visión deliberadamente antropomórfica del mundo— se define entonces como una búsqueda siempre insatisfecha de perfección. En él, nunca se adquieren certidumbres: se puede repetir decenas de veces el mismo motivo, el mismo templo, sin descubrir no obstante la fórmula justa que ordene todos los elementos. De modo que esta estética esencial está de acuerdo con el método que he enunciado más arriba: es una búsqueda obstinada en una dirección ya dada, una experimentación de las grandes tendencias de cada proyecto, una variación sobre un tema impuesto que permite desembocar en una verdadera creación.

¿Una nueva estética industrial? Esto nos recuerda las observaciones de Roland Barthes sobre la obra de Racine: todas las situaciones humanas de amor, pasión o muerte, todos los refinamientos de los mecanismos psicológicos, se expresan en once tragedias escritas con menos de dos mil palabras. La pureza del lenguaje de Racine presupone la utilización armoniosa de un vocabulario que, a la postre, es más restringido que el de sus contemporáneos.

Arcadas, muros, ventanas, puertas: hoy, cada uno de estos elementos puede construirse por separado, en serie y, por lo tanto, en conformidad con los imperativos económicos de la producción industrial. El edificio está formado por una estructura de base sobre la cual se implantan elementos moldeados en fábrica. Para ser rentables, los moldes deben amortizarse al máximo. Por consiguiente, el objetivo es crear una cantidad restringida de elementos, lo que obliga a una depuración muy severa de lo decorativo. Entonces nos corresponde a nosotros armonizarlos según una geometría propia. De modo que puedo ser fiel a la arquitectura clásica, que proporciona las leyes de composición y la base del vocabulario, al tiempo que me someto a las exigencias de la fabricación industrial. Pero también puedo diversificar las alturas de base, introducir variaciones en la disposición de los elementos, hasta producir un número prácticamente infinito de edificios. Una vez realizada esta depuración teórica, puedo cambiar el tamaño de los elementos de base o su dis-

155

posición. Pero siempre dentro de las exigencias de un sistema económico. Hace unos quince años, este descubrimiento me entusiasmó. Desde siempre he tratado de superar el estadio artesanal para entrar en el proceso industrial. Cuando diseño una mesa, resuelvo un problema de articulación entre verticales y horizontales. Lo que me interesa no es tanto la mesa en cuestión como el problema abstracto que plantea.

Los Temples du Lac, en Saint-Quentin-en-Yvelines han puesto a prueba estos principios. Hay tres formas recurrentes: un templo con patio, un semicírculo y dos templetes. Y siempre las mismas piezas voluntariamente retomadas, repetitivas. Así, la construcción propiamente dicha pierde su peso, nada distrae la mirada y la arquitectura retoma contacto con su esencia: la composición del espacio más allá de lo anecdótico.

Tal vez sea demasiado pronto para celebrar la reconciliación de la estética con lo industrial. En todo caso, esta orientación nos ha abierto la posibilidad de realizar formas y motivos hasta entonces desechados por razones económicas. La arquitectura moderna está amenazada por la copia, una copia sin alma, que se contenta con reproducir —casi siempre bastante mal— obras originales. Las viviendas sociales, los «bloques» construidos en medio de terrenos impersonales, repiten mal lo que Le Corbusier proclamaba con talento. El conformismo de los discípulos y la avaricia de los vendedores siempre amenazan a quien crea un estilo. El clasicismo permite no imponer un tipo de edificio, sino proporcionar los principios necesarios para inventar edificios nuevos.

En Francia he podido demostrar que la vivienda social no es sinónimo de brutalidad o resignación, sino que, por el contrario, adquiere cierta solemnidad, un sentido del ritmo y de la belleza. Y eso sin perjudicar los costos. Los suburbios no son necesariamente desechos sino también, a veces, monumentos consagrados al hombre. El hormigón, considerado durante mucho tiempo como un material de rebaja, puede ser noble.

Lo he dicho al empezar: no volvería a construir, exactamente iguales, nuevas Antigones o nuevas Arcades du Lac. El tiempo de la polémica ha pasado y las posiciones extremas resultan inútiles.

El clasicismo no habrá sido más que una etapa, un poco más larga que las otras, cuya superación —mediante el uso de ciertos elementos tecnológicos, surrealistas o cubistas— se ha iniciado ya en el seno mismo del Taller.

Pero al menos me habrá permitido reflexionar sobre la significación parásita que se le atribuye: la de ser una arquitectura dedicada a los poderes políticos y financieros. ¿Cómo es posible que esta arquitectura, que viene de la Antigüedad, que en su origen no era más que una manera de dar ritmo al espacio, adquiera significaciones tan diversas? ¿Qué se dice cuando hacemos arquitectura? Que hay que plantear el problema de su lenguaje. Una polémica quizá tan vieja como la propia disciplina...

La riqueza de un lenguaje

Palabras ¿para decir qué?

Para devolver a la arquitectura todo el patrimonio histórico que durante un tiempo le hizo olvidar el asombro ante nuevas técnicas proporcionadas por la evolución de la construcción en las primeras décadas de nuestro siglo; para retomar el contacto con una geometría que es la única que puede aportar una necesaria coherencia; en resumen, para reencontrar un arte que tenga una relación profunda con nuestra identidad y no sea la expresión arbitraria de un creador. Estas precauciones se imponen cuando conocemos la duración media de una construcción, que, sabemos, atravesará por lo menos dos generaciones. No se construye para lo efímero. Cada uno puede cambiar de apartamento como de vestido, multiplicar las experiencias en su propio habitat; pero no puede escapar, en su ciudad, de la fealdad de una fachada. La arquitectura plantea sin cesar el problema de los límites entre lo público y lo privado. Mantiene una relación muy estrecha con la comunidad, distinguiéndose al mismo tiempo de ella. Es un problema de lenguaje.

Este lenguaje puede analizarse a distintos niveles por analogía con la lengua: las palabras, la sintaxis que las ordena, los estilos y las actualizaciones personales. Cuando se saca de su terreno natural la arquitectura vernácula, aparece un vocabulario. Si se cambia la escala y se pasa de la articulación de cubos domésticos a la elaboración de inmuebles y calles, es necesario crear un ritmo, introducir variedad, contradicciones. También hay que marcar los límites, los puntos fundamentales, los ejes importantes. En resumen, hay que disponer de signos que permitan componer una fachada o la secuencia de fachadas que forma la calle. Estos signos son lo que llamo las palabras.

Un vocabulario que puede analizarse de manera etimológica, como las palabras de nuestra lengua; en lo esencial, está formado por antiguos elementos de construcción transformados en elementos de fachada: dos pilastras que flanquean una puerta son herencias directas de las columnas que sostenían las vigas horizontales; en su origen, un frontón servía para protegerse de la lluvia, e incluso el arco ojival que caracteriza el gótico no es originalmente más que el entrecruzamiento, en el interior del edificio, de dos bóvedas románicas.

No obstante, si la arquitectura ha fabricado así, a lo largo de la historia, sus propias palabras, también ha sido despojada en seguida de ellas. Hay lugares apasionantes que muestran esta desviación del sentido. En el Yemen, en las laderas de montañas vertiginosas, rectas como murallas, allí donde todavía planea el recuerdo de la reina

160

de Saba, se está entre la espontánea alcazaba de los oasis, que, para ser esquemáticos, no sería más que una organización del espacio, y un complejo urbanístico de gran valor sociológico como Nueva York. La misma noción de fachadas reducidas al mínimo, de espacio interior rodeado y protegido. Donde ya despunta la necesidad de constituir un vocabulario, de enmarcar ciertas ventanas, de introducir —a guisa de frisos— algunos elementos de cerámica, o incluso de alargar bruscamente ciertas proporciones. Así nace un vocabulario.

Ahora bien, esta necesidad nueva está ligada a la aparición de la propiedad. El nómada se ha hecho sedentario. Se han formado clases sociales. A través de las casas adheridas a la ladera de la montaña, entre los miles de muros de piedra que apenas permiten la existencia penosa de una agricultura, se puede leer toda la pirámide social: los pobres abajo, los ricos en la cumbre. La misma repartición se produce dentro de los edificios. En la planta baja, los animales; luego, los criados; después las mujeres y, por último, arriba, los hombres. De forma que la altura está reservada a los ricos y a los poderosos; el sistema es ya el de los rascacielos neoyorquinos.

Así pues, el espacio se organiza según criterios ajenos a la arquitectura en sentido estricto. El vocabulario también se especializa y marca las clases. Las cerámicas más bellas son las de los notables del lugar. En la propia fachada de cada casa, la repartición de los elementos decorativos, más cuidada en el último piso (el de los hombres),

161

va unida a la pirámide social. Con la aparición de la ciudad, la arquitectura compone sus propias palabras, pero en seguida éstas circulan y se le escapan.

En el fondo, esta sobrecarga de sentido nunca se ha interrumpido, desde las religiones a las guerras sociales, de las monarquías a las repúblicas enamoradas de eternidad. Para muchos, colocar un frontón sobre una ventana no es simplemente crear un ritmo en la fachada, hacer referencia a una estética clásica o incluso proteger la abertura con un tejadillo que evoque un frontón clásico; también significa hacer un gesto político calificado de reaccionario, incluso de fascista o neoestalinista.

Los años sesenta estuvieron ocupados por este debate sobre las significaciones parásitas. En torno a Umberto Ecco, los arquitectos intentaban elaborar una teoría de su oficio. Aclarar de una vez por todas esa relación entre significante y el significado que haría de la arquitectura una lengua como las demás, simple medio de un mensaje que la supera sin cesar y, en consecuencia, la anula. Como en otras disciplinas, esta fiebre de la significación se tradujo en una inflación del discurso, en un desarrollo metalingüístico.

A partir de entonces, tuvimos que reconquistar nuestro derecho a la práctica; reintroducir en las escuelas el aprendizaje del dibujo, después del espacio, y contentarnos con una sola certidumbre: la interpretación social, política o religiosa de la arquitectura no pertenece a su propio campo, sino al de la semiología. En cada época, en cada civi-

162

lización, cambian los signos, se enriquecen con una significación nueva. Si existe el lenguaje, éste no se sitúa en este nivel sino en el interior mismo de la disciplina: aquí, las palabras no nos remiten más que al vacío del espacio.

La sintaxis del espacio

La arquitectura se define como un sistema que permite componer y reunir los elementos según reglas que pueden calificarse de sintácticas. En un discurso, un sustantivo, un verbo o un adjetivo no adquieren su significación más que cuando se integran en una frase completa; de la misma manera, en la arquitectura, una pilastra o un frontón no tienen ninguna razón de ser y, literalmente, no «quieren» decir nada acerca del espacio, si no mantienen una relación con el conjunto.

Esta relación la da la geometría.

No se hace un buen proyecto si no se determina de antemano una geometría: nada escapa a ella, ni siquiera un friso o el pomo de una puerta. Si antes incluso de pasar al estilo que se va a emplear no se organizan sobre el papel las líneas, las superficies y los volúmenes según figuras y series geométricas, el resultado no será más que un juego de apariencias.

Cada civilización ha desarrollado su propia geometría. Evidentemente, lo que constituye la belleza de los alminares o los patios del norte de

Africa es el color y los materiales empleados; pero es sobre todo una geometría muy simple, que se basa en el cuadrado y en el círculo, organizados en función de una relación casi siempre idéntica ($\sqrt{2}$).

Nuestra geometría integra figuras y números generativos más complejos. Entre ellos, el más célebre es el Número de Oro. Sin duda porque atiende a lo que preocupa en primer lugar a los arquitectos clásicos: organizar el mundo según las proporciones del cuerpo humano; colocar al hombre en el seno de una armonía que se correspondería con la del universo. El famoso dibujo de Leonardo da Vinci, que muestra el estudio de las proporciones del cuerpo humano, revela que las mismas leyes se utilizaban en la construcción de las iglesias o plazas de la época.

Hoy, esta mística se ha extinguido. Artistas y arquitectos casi no se preocupan ya por la armonía entre el micro y el macrocosmos. La geometría, que ha permitido elaborar esta relación única, antropomórfica, con los dioses y el cosmos, no deja por ello de ser profundamente humana y, por lo tanto, indispensable para habitar el universo personal, desencarnado, que a menudo amenaza a las ciudades nuevas. En todo caso, hasta ahora nadie ha encontrado otra manera de dar a nuestro entorno un rostro y unas proporciones a nuestra escala.

Hegel escribía en su *Estética*: «En la arquitectura clásica, cuyos edificios se componen de columnas o pilares que soportan las vigas, la rectangularidad, y por consiguiente la luz entre dichas columnas o pilares, son fundamentales, pues el que la caja repose en ángulo recto de nuestra que todo es cuestión de distancia». Las sucesivas crisis de la arquitectura moderna nos lo recuerdan sin cesar: necesitamos reposo y trascendencia.

Así pues, hay que determinar una geometría. Pero, ¿es preciso demostrar tanto rigor en la composición? ¿Construir sistemáticamente edificios en elipse porque la elipse es una figura de difícil realización? ¿Alinear paralelepípedos de hormigón en los que todo, ventanas, puertas y las mismas dimensiones de los bloques, esté regido, de manera brutal y al mismo tiempo ingenua, por el Número de Oro? El público no soportaría esta agresión y la arquitectura se agotaría en esta autoproclamación de sus principios. Lo arquitectónico exige más delicadeza. La geometría es sólo una base, una invitación a realizar combinaciones cada vez más complicadas; es sobre todo un principio generador que luego se borra. Nunca hay que exhibir las propias entrañas.

Ante todo, plantearse las combinaciones. Por ejemplo, sabemos que todo el arte de Leone Battista Alberti consistió en unir dos geometrías diferentes. Dos tipos de templo: el uno vertical, el otro horizontal. Cada uno tenía su propia geometría, que regía tanto la altura de las pilastras como la distancia que las separaba, tanto el ángulo del triángulo del capitel como la saliente del techo. Alberti fue el primero que obligó a estas dos geometrías a asociarse. Primero torpemente, luego con una seguridad y un dominio cada vez mayores. A través de las obras que construyó, se

165

le ve resolver los problemas nuevos que le planteaba la integración del templo vertical en la parte central del templo horizontal.

Combinar los sistemas, generar otros nuevos: es un desafío agotador y austero. Tanto más austero cuanto que la elegancia consiste, en última instancia, en hacer olvidar el esfuerzo. Fue esta discreción la que deseé para la Place du Nombre d'Or de Montpellier. El nombre de la plaza lo indica: aquí todo está organizado según una relación única; pero el transeúnte no ve el cuadrado de donde parte la composición. El acento está puesto en otra parte: el proyecto multiplica las paradojas y los elementos gratuitos; debajo subyace el rigor de una figura matemática.

El origen es el plano de una iglesia de Todi. Cuatro círculos tangentes repartidos en los cuatro lados de un cuadrado. Una figura del Renacimiento pero, más allá de ella, una figura que se encuentra por todas partes en la historia, a todas las escalas, del simple pilar al plano general. El sistema generador reposa sobre las leyes del Número de Oro, tal como fueron desarrolladas por los neoplatónicos.

Primera etapa: trazar un cuadrado, el de la plaza, de 58 metros de lado. Esta primera cota, utilizada según las relaciones de proporciones que da el Número de Oro, permite componer progresivamente todos los elementos, desde el plano a las fachadas; desde las pilastras a las ventanas.

Sin embargo, el cuadrado se halla muy oculto. Los apartamentos situados en las partes curvas de la plaza están organizados según la geometría del pentágono, vinculada a la del Número de Oro. Además estas curvas, gracias al juego de pilastras y frontones, atraen la atención del observador en detrimento del cuadrado inicial. Este queda prácticamente absorbido.

Por lo tanto, el principio motor no se ve. Elegí una geometría fuerte y rigurosa para luego difuminarla. Como decía Kant en la *Crítica del juicio*: «Toda rigidez en la regularidad (que se aproxime a la regularidad matemática) es contraria al buen gusto: su contemplación no divierte por mucho tiempo, sino que, en la medida en que no tiene por objeto el conocimiento o una utilidad práctica definida, aburre». Trazar rectas y curvas sobre los planos, calcular sus relaciones, es darse los medios para hablar un lenguaje. Es indispensable pero no suficiente. Un gramático no es necesariamente un buen escritor. Pero un buen escritor es, necesariamente, un maestro de la lengua.

MONTPELLIER: LA PLACE DU NOMBRE D'OR

La Place du Nombre d'Or es una operación de 288 viviendas. La combinación del cuadrado y el círculo en el plano, y de módulos rectangulares en la fachada, está regida por el Número de Oro. Un módulo de base de 48 metros, junto al cuadrado central corresponde al diámetro de cada semicírculo que se abre al espacio interior. Las dimensiones, de las partes planas a los ángulos de la plaza, se deducen geométricamente de ese diámetro, así como la altura. Los semicírculos se originan por la implantación de módulos cuadrados de 12 por 12 metros, sobre una geometría decagonal.

En el interior de la plaza, el trazado de los edificios es cóncavo. A partir del centro, el espectador puede por lo tanto abarcarlo enteramente, como un monumento.

En contraste con esta fachada interior monumental, continua, el exterior de la plaza, convexo, está diseñado como una sucesión de casas que dan a la calle. Por lo tanto, para esta fachada más doméstica, la geometría del Número de Oro, siempre presente, se aplica de otra manera. Vemos aquí un ejemplo de ello. Se trata de componer un edificio de siete plantas. La doble ventana de base, que se extiende sobre dos plantas, se repite dos veces. La puerta de entrada está señalada por una ventana más grande, mientras que la parte alta tiende, por el contrario, a quedar mucho más llena. Detrás se ven las mismas ventanas con frontón, plegadas en los ángulos. La pilastra sirve para articular las casas entre sí y al mismo tiempo permite que por dentro se realice la circulación vertical del edificio.

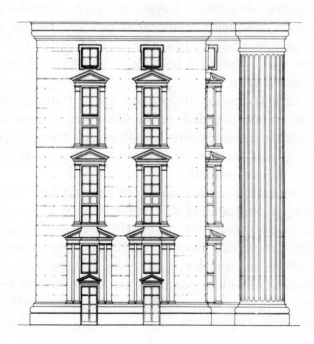

¿Una gramática de las gramáticas?

Más allá de la geometría, la arquitectura experimenta la necesidad de recuperar las formas simples, colectivas, comunes a toda una civilización y a las diferentes épocas de su historia. Tal vez sea el equivalente a esa «gramática original», gramática de todas las gramáticas, justificación de los diferentes sistemas lingüísticos, que buscaban los filósofos.

Estos elementos fijos, las formas identificables más allá de la bruma de los siglos, se manifiestan en forma de arquetipos. En arquitectura, son la pirámide y el obelisco, simples juegos de líneas, oblicuas o verticales, que estructuran el espacio de manera simbólica. Luego aparecen composiciones más complejas, elaboradas por los griegos, en las que se realiza una articulación entre el exterior y el interior: el hemiciclo del teatro, el arco, incluso el templo.

Como todos los arquetipos, los arquitectónicos tienen la simplicidad de la idea que supera las múltiples experiencias sensibles, al tiempo que constituyen puntos de referencia para la memoria de la comunidad.

Una forma simple, ideal, se encarna ante nuestros ojos de maneras diferentes. Un arco, un pórtico, pueden cambiar de escala, ser reelaborados según geometrías nuevas, realizados con materiales diferentes que hoy van, como hemos visto, de la piedra al vidrio pasando por el hormigón o el acero; empero, no por ello son menos identificables como arquetipos.

Por otra parte, debemos a la tradición platónica la posibilidad de separarlos de la historia. Fuera del tiempo, sirven paradójicamente de apoyo a la memoria de una comunidad. Si cuando se descubre un edificio nuevo se lo puede vincular, de cerca o de lejos, a uno de estos arquetipos sumergidos en nuestra memoria, entonces es posible al mismo tiempo apreciar todo su valor, sea por conformidad o desacuerdo con el modelo ideal. Por lo tanto, el empleo del arquetipo en arquitectura no tiene una función reaccionaria; no bloquea el movimiento, sino que, por el contrario, desprende de él la capacidad y la finura. En cierta forma, es el patrón de la creación. Reintroducir, como intento hacer actualmente, en un rascacielos americano los elementos arquetípicos del templo y la torre, no es retroceder ni domesticar el objeto, sino más bien ponerlo en perspectiva, darle referencias históricas que subrayan en él su extrañeza irreductible.

Por último, es el arquetipo el que permite superar el simple capricho de un creador para volver a sumergirse en el corazón del inconsciente comunitario: vuelve a vincular al individuo con el fondo común de su sociedad. Que se extraiga de la observación de la naturaleza o de ese «inconsciente colectivo basado en arquetipos, común a toda la humanidad y origen de todas las grandes imágenes míticas» del que habla Carl G. Jung, suprime las fronteras entre el individuo y la persona. Es lo único que, al estructurar los verdaderos monumentos arquitectónicos, otorga al frío de la piedra el calor y la familiaridad del espíritu.

Nuestras ciudades actuales, a menudo convertidas en laboratorios de formas extrañas y gratuitas, carecen por completo de los puntos de referencia que permiten a la mirada —o al inconsciente— encontrarse en cierta forma «en su casa» en el seno de lo humano. Esto es lo que subrayan las Colonnes Saint-Christophe en Cergy-Pontoise: los arquetipos (templo, obelisco, semicírculo) contrastan con el tejido urbano desorganizado, desencarnado, de la ciudad nueva. En Swift, en cambio, los arquetipos están siempre presentes pero el entorno permitía disponerlos con discreción, como signos familiares. No son el único mensaje del edificio. Sin embargo, le dan toda su humanidad.

El regreso de la significación

Aunque también en este caso la utilización del arquetipo ha evolucionado con el transcurso de los siglos. De la misma manera que las «palabras» (pilastras, frontones, cornisas...) fueron desviadas de su simple significación rítmica para glorificar la propiedad, la riqueza o la fuerza del político, los arquetipos se han convertido en formas cargadas de sentido. No se construyen arquetipos aislados, por ellos mismos. El templo y el teatro griego también son elementos de una ciudad. Están integrados en un urbanismo general. Tienen usuarios.

Así, el arquetipo se transforma en signo, como las palabras.

No vale por lo que es y lo que convoca, sino por lo que dice. El templo nos remite a Dios; el teatro, a la tragedia; el arco, al poder: al regresar de la campaña, el emperador pasa bajo el arco de triunfo para celebrar su victoria.

Personalmente, volver a los arquetipos es devolverles su valor esencial: el placer de estar en el espacio; un arco es una puerta urbana que señala una perspectiva y, al mismo tiempo, la abre sobre el más allá; un teatro es un juego entre dos espacios: fuera, un espacio convexo; dentro, la delimitación de un espacio familiar, cerrado, doméstico.

No obstante, es imposible escapar a las significaciones sobreimpuestas por la historia a esta naturaleza esencial. No se borran de un plumazo dos mil años de vida social, de psicología y economía. Todo esto va a desempeñar un papel.

De modo que, en mi caso, los arquetipos, independientemente de su valor propio, se hallan investidos de una misión polémica, expresiva. Por ejemplo, el teatro. Ya he hablado de su papel en la percepción del espectáculo urbano que ofrece en la lejanía la ciudad de Chicago. En cambio, en Marne-la-Vallée el hemisferio del teatro concentra las miradas hacia el interior. Todos los ojos convergen en la comunidad formada por ese espacio cerrado. Por ello, la vida cotidiana, normalmente trivializada, se convierte en espectáculo. Es una vieja lección aprendida también en las ciudades del Mediterráneo y sobre todo en las Ramblas de

173

Barcelona: nada iguala al espectáculo de la multitud que se ofrece como espectáculo.

Con el templo se produce también una inversión de valores. Para que Dios lo fuera todo, era necesario que el hombre no fuera nada. Los templos, las iglesias, esas exaltaciones del poder divino, se elevan para compensar las desdichas terrestres. Los fastos de lo sagrado quedan para lo divino; para el hombre queda la dolorosa trivialidad de lo cotidiano.

El siglo del «Dios ha muerto» liberó la energía creadora que daba a los arquitectos antiguos la inspiración sagrada. Yo he querido dar al hombre lo que él daba a sus dioses; introducir el arquetipo del templo en una vivienda «social», desviar la nobleza y solemnidad de lo religioso para beneficiar a los más desfavorecidos de nuestra sociedad.

Mi arquitectura tiene también un sentido militante, aunque no sea ésta su significación primera y principal. Algunas personas le reprochan un travestismo de las funciones. Un HLM ya no se parece a un HLM. Crisis, celos y tensiones sociales: mis edificios llamados sociales son más hermosos que los que lindan con ellos. Las viviendas que construyo en Montpellier o en las ciudades nuevas que rodean París, son «Versalles para el pueblo», como aquéllos con los que soñaba el utopista francés Charles Fourier. El edificio tiene aspecto de palacio. Verdad es que en el interior, a causa de los presupuestos insuficientes, los apartamentos son a veces más convencionales. El inquilino encuentra allí sus tres habitaciones-cocina, fueran cuales fueren los cuidados que en ellas pudo poner el arquitecto. ¿Una ilusión? Al contrario: una reacción contra cierta forma de arquitectura que no concibe la satisfacción del usuario más que en la suma de detalles materiales. El cuarto de baño embaldosado, el ascensor que funciona, la entrada más o menos espaciosa, son adquisiciones sociales. No por ello justifican que se descuide lo que hasta ahora se ha descuidado: el exterior, lo inútil, la fachada, lo comunitario, lo simbólico. El status se agrega al simple confort y el atractivo de una calle armoniosa a la pura satisfacción de las funciones cotidianas. El hombre necesita signos y espacios además de televisión y bañera.

Si los Espaces d'Abraxas en Marne-la-Vallée, las Arcades du Lac en Saint-Quentin-en-Yvelines o Antigone en Montpellier «quieren expresar» algo, es precisamente esa epopeya del siglo XX: aquélla en la que el individuo de nuestro tiempo, con sus sueños y fantasmas, desempeña el papel de héroe.

De la lengua al estilo

Volvamos a la disciplina en sí, a la escritura arquitectónica que consiste, en principio, en estructurar el espacio, sin que eso impida descubrir después otras significaciones.

Por lo tanto, redescubrir la lengua implica al

175

mismo tiempo un repaso de la gramática y una profundización del vocabulario.

Reencontrar la gramática es restablecer la noción de proporciones, de armonía, de composición global de nuestras ciudades, así como de nuestros edificios. Formar un vocabulario es ir a buscar en la historia de la arquitectura todo lo que fue inventado, dibujado, para componer el espacio; transformarlo, cambiarlo de escala, de funciones; o incluso hacer de ciertos elementos de construcción, elementos de composición.

Por otra parte, el decurso de la historia, desechado con demasiada frecuencia por los arquitectos del siglo XX, no excluye el uso de las palabras que nos ha enseñado la modernidad. Por ejemplo, en el cruce entre verticales y horizontales la arquitectura clásica se había forjado un sistema de transiciones. Allí donde el frontón se apoya en la columna, el capitel, con todas sus variantes, sirve para diluir en cierta forma la ofensa de las perpendiculares. Por el contrario, una de las adquisiciones de la modernidad, conseguida a través de Frank Lloyd Wright, consistirá en saber acusar la contradicción: una doble línea horizontal sobre la horizontal crea un orden fuerte que permite, después, que adquieran ritmo las verticales. Me atrae mucho este tipo de articulación bruta cuando va parejo, como en el caso de Wright, a una geometría rigurosa.

Por lo tanto, no se trata de imponer una especie de diccionario académico de la arquitectura. Como toda lengua, la arquitectura se enriquece, crea formas nuevas, evoluciona. Crece en com-

176

plejidad, como un organismo vivo. En cada ocasión, el artista actualiza, modifica los sistemas establecidos. Pero no se escriben poemas sin un previo dominio de la lengua; un pintor necesita conocer a fondo el juego de la armonía y los colores; los estilos vienen después de la lengua. No por ello son menos ricos y variados.

La ambigüedad del estilo

El dominio de la geometría o del vocabulario no basta para definir al artista, por importante que sea. Más allá de la inteligencia de las relaciones está el gusto. El que proporciona la audacia para contradecir, romper los sistemas, pervertirlos. Apartarse de ellos. Es necesario leer los tratados de Palladio, Alberti, Filarete o, más tarde, Blondel. Ver cómo estos arquitectos, empleando la misma lengua, intentan encontrar una expresión personal cambiando simplemente, desde el comienzo, la forma de una columna o una ventana. En este sistema de arquitectura orgánica, tocar un elemento implica una reestructuración del conjunto.

Los arquitectos que se arriesgan a ello lo hacen en función de su personalidad pero también de la tradición en la cual se inscriben. Este compromiso entre una marca local y una visión personal es el que determina el estilo.

177

EJEMPLO DE TRABAJO SOBRE UNA PALABRA:
LA VENTANA

La que vemos aquí se inspira en una ventana de la villa Pojana construida por Palladio. Me sedujeron sus proporciones, pero más aún su sistema. Está formada por un marco rematado por un cornisamento. Pero entre estas dos piezas hay un espacio. Es como si el cornisamento fuera independiente o más bien corredizo y como si su posición definitiva, libre de represiones de construcción, sólo estuviera dada por relaciones geométricas.

Es en cierta forma un símbolo de lo que puede ser hoy la arquitectura. Seguí en consecuencia el trabajo de depuración que Palladio había realizado para hacer de ello un elemento muy contemporáneo.

Pero una palabra no basta, por bella que sea. Es necesario integrarla, componer una fachada en órdenes, en verticales y en horizontales.

Fachada de Swift

178

Estudio de ventana para Swift

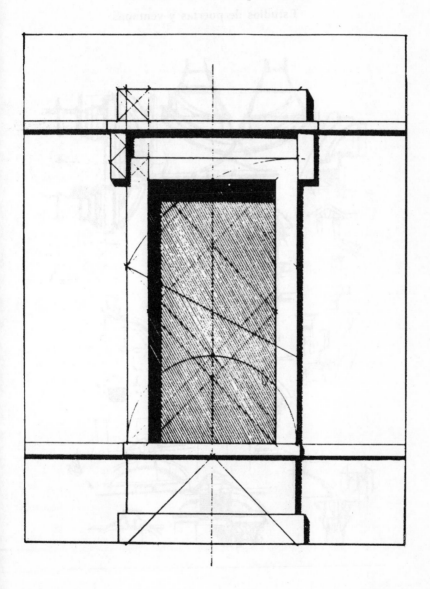

Estudios de puertas y ventanas

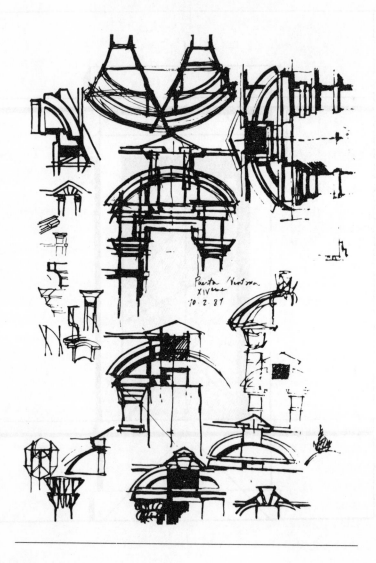

La huella local

Un edificio se inscribe en un paisaje previo. Mantiene con él una relación compleja. Lo modifica pero también recibe de él un sentido que invalida o confirma lo que el objeto «quiere decir». ¿Cómo manejar estas relaciones inevitables, teniendo en cuenta que elegir integrarse en el tejido tradicional, hacerse olvidar, o bien intervenir violentamente, nunca es neutro, indiferente?

¿No hay otra alternativa entre el Centro Beaubourg, que quiebra el entorno urbano, y Port Grimaud, en la Costa Azul, que retoma los elementos de la arquitectura provenzal vaciándolos de contenido, fijándolos y reduciéndolos a folklore, como si la historia no existiera y toda la técnica no sirviera más que para fabricar bebés que parecen ancianos?

Indudablemente, no existe una respuesta unívoca para este tipo de pregunta. Aquí, todo es cuestión de temperamento y contexto. En Marne-la-Vallée, por ejemplo, me topé con una situación frecuente en los suburbios de las grandes ciudades, ya experimentada en Barcelona. Una expansión urbana sin eje ni centralidad, un erial postindustrial que desanima toda tentativa de orientación, de referencia. Con el Walden 7, así como con el Théâtre d'Abraxas (el segundo no es tal vez sino la versión francesa del primero), yo deseaba hacer un gesto de cólera, de contradicción. Desgarrar un tejido que de hecho era un no-tejido. Elevar un monumento que fuera al mismo tiempo una referencia y un punto fijo.

181

En otros lugares he querido, por el contrario, contar con lo existente, trabajarlo, inspirarme en él. Cuando estudio la fachada de Harlem que linda con la parte norte de Central Park, no trato de ignorar la especificidad de un barrio que hoy sigue siendo uno de los más bellos de Nueva York. Objetivo: salvar Harlem, cambiándolo lo menos posible. Esto presupone una densificación del tejido, única manera de dar valor a los terrenos, mediante una revitalización del barrio; aunque, sobre todo, presupone la comprensión de su urbanismo.

El proyecto, si se lleva adelante, deberá respetar la continuidad de las fachadas; las torres, los rascacielos que armonizarán la alineación de los edificios a lo largo de la Calle 112, se colocarán en ángulos muy precisos que coinciden con la trama neoyorquina. Dentro del barrio, habrá que conservar las casas victorianas que constituyen el encanto de sus calles. A su vez, en ellas se inspirará el vocabulario de los edificios nuevos...

Incluso colocados en la misma situación, dos arquitectos adoptarán actitudes fundamentalmente distintas, relacionadas en gran medida con su historia personal. Tal vez, otros no ven en Harlem más que un ghetto siniestro que es preciso destruir y borrar a toda prisa, o, en una ciudad nueva, una forma particular de urbanización que invita, por el contrario, a la discreción. El contexto viene dado pero la interpretación es una cuestión de gusto.

Más difícil todavía es tenerlo en cuenta en el proyecto mismo, sin agregar por ello elementos que en este caso no tendrían más que un valor de cita. No se crea una arquitectura mediterránea multiplicando los tejados de tejas, ni el empleo del ladrillo basta para crear un estilo «nórdico». La integración supone utilizar medios más sutiles que conducen, a veces de manera muy ligera, a dar inflexión al lenguaje que se ha elegido emplear.

En Estocolmo construimos 500 viviendas en la parte sur de la ciudad, en el lugar donde estaba la antigua estación de ferrocarril. En esta ciudad nórdica que, después de los años treinta, se lanzó frenéticamente a una arquitectura funcional que yuxtapone bloques de hormigón, los urbanistas decidieron regresar a una estructura de islotes de viviendas cerrados. Nos confiaron la pieza maestra de un proyecto: una plaza y una torre que debían servir como signo de reconocimiento en medio de un barrio nuevo.

Nuestra proposición fue fiel a los principios clásicos: un semicírculo que se inscribe en la estructura perpendicular de las calles, tres templos y un *campanile*.

Hubo una primera adaptación, causada por detalles de vocabulario: para evitar toda monumentalidad en un país que la soporta mal, se divide el semicírculo en dos órdenes; además, el friso superior queda suavizado porque los techos en declive, cubiertos de nieve en invierno, superan el plano de la fachada.

De este modo se adapta cada elemento de significación. Ya se ha visto que sólo a la luz el espacio revela toda su dimensión. En Estocolmo falta luz. Por consiguiente, las pilastras pegadas a la fachada no sirven para hacer vibrar el espacio. Así pues, se alargan, pierden relieve. También los colores se simplifican, se limitan a declinar la gama del gris. Debe primar la silueta.

Con las Echelles de la Ville, en Montpellier, se utiliza el mismo vocabulario pero con un estilo diametralmente opuesto. Estamos en un país mediterráneo. El edificio situado en la frontera entre Antigone y el Polygone (un centro comercial que encarna todas las torpezas de la arquitectura de los años sesenta), debe servir de transición a la ciudad antigua.

Esta vez, el punto de partida es Palladio. Por ejemplo, en cada una de las ventanas se utilizan figuras conocidas de la arquitectura clásica: arcos, pilastras de un lado a otro de la abertura, frisos encima. Una geometría rigurosa da coherencia al conjunto.

Sin embargo, desde Palladio ha pasado mucho tiempo.

Aunque el contexto, el paisaje, sigan siendo los mismos; aunque *a priori* haya menos diferencias entre Vicenza y Montpellier que entre Vicenza y Estocolmo, la evolución en las técnicas de la construcción se ha encargado de introducir diferencias. El hormigón, moldeado, ha reemplazado a la piedra esculpida.

Por otra parte, como hemos visto, la arquitectura ha integrado otras palabras que eran impensables en la época de Palladio. De este modo, cada uno de los elementos tiene su personalidad: la pilastra no se apoya sobre una base realzada; el capitel se ha reducido al mínimo. Además, la com-

ESTOCOLMO: EL DISEÑO DE UN BARRIO

El elemento principal está formado por un semicírculo cuyo eje es la vía peatonal que va de la Estación Sur a la gran plaza. Frente a este semicírculo, hay un teatro al aire libre que durante el verano animará ese lugar totalmente pavimentado. La torre está diseñada según una relación de proporciones de 1 a 7. La concebimos como un símbolo vertical como el que pueden representar las torres de San Geminiano.

El vocabulario y los arquetipos son clásicos, pero la falta de luz nos lleva a adaptarlos a la práctica y a la geometría locales.

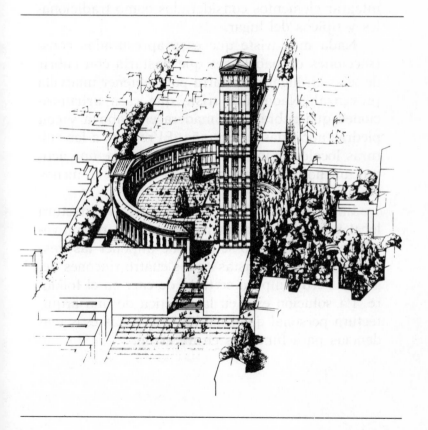

posición de conjunto hubiera sido inconcebible en el siglo XVI, porque para respetar la escala del proyecto organicé el conjunto sobre tres órdenes en lugar de dos, cortando la fachada con dos trazos oblicuos que son las escaleras exteriores.

Por consiguiente, tanto en Estocolmo como en Montpellier se ha empleado un lenguaje común. Pero en cada lugar he tenido que adaptarme al contexto local. En ambos casos, se trató de evolucionar desde el interior de los sistemas y no de integrar elementos considerados como tradicionales y típicos del lugar.

Nada más triste que esas apresuradas construcciones de pabellones que bastaría con cubrir de tejas en lugar de pizarra para obtener una villa provenzal. Nada más triste que esas urbanizaciones que cubren con madera en Saboya y con piedras adosadas en Bretaña. El respeto a las culturas locales es indispensable pero exige una actitud mucho más matizada y, con frecuencia, menos visible.

En el fondo, el viejo debate entre arquitectura local y arquitectura internacional está definitivamente superado. No se trata de imponer las mismas ciudades futuristas en los cuatro rincones del globo. Pero tampoco se trata de caer en el folklore. La solución está en la práctica de una arquitectura personal que sepa integrar todas esas tendencias para fundirlas en un estilo.

LAS ECHELLES DE LA VILLE

Uno de los retos de Antigone: restablecer la relación con el centro de la ciudad. Las Echelles de la Ville fueron diseñadas para ligar ambos niveles: el de la Place de la Comédie y el de Antigone a través de un edificio-escalera. Este se apoya sobre el muro ciego de las Galerías Lafayette, que marcaba el límite de la ciudad y su suburbio.

Por lo tanto, el edificio en forma de U tiene como composición central una escalera monumental que asciende a lo largo de la fachada; sobre dos niveles, después sobre otros dos. Las dos alas están ocupadas por oficinas mientras que el centro tiene una vocación más comercial, con la posibilidad de situar allí estudios de artistas. De alguna manera, es la fachada del centro de Montpellier.

Aquí el vocabulario clásico se emplea en tierras del sur, en todo su relieve. Sin embargo, no es la reproducción de modelos existentes.

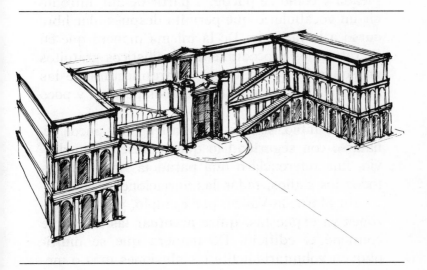

La marca de una personalidad

De golpe se comprende la distancia que me separa de ese movimiento surgido en los años setenta al que se ha llamado «posmodernismo». Ante el derrumbamiento de las vanguardias, los artistas han reivindicado el derecho a retomar el contacto con el proceso, a recurrir a tradiciones diferentes e integrar en sus obras todo este contenido cultural. Pero con gran frecuencia el mensaje se ha detenido ahí. Pocos de ellos han encontrado una lógica que justifique la yuxtaposición de todos estos elementos. El posmodernismo se ha contentado con el *collage*, con la apariencia.

Hoy, la elaboración de sistemas precisos, la aclaración de los conceptos, no son menos necesarias. Es preciso saber cuál será la geometría empleada y cómo se puede, a partir de ahí, introducir un vocabulario que permita después, dar libre curso a la fantasía. De la misma manera que en literatura los procedimientos estilísticos gratuitos no son más que retórica, la arquitectura de las apariencias no es más que énfasis pedante y poco convincente.

En cambio, si se asimila la lengua y puede señalarse con seguridad lo que representa un desvío, una referencia o una paradoja, son posibles todos los estilos, todas las variaciones.

En Marne-la-Vallée, por ejemplo, y por las razones ya expuestas, quise acentuar las citas que contiene el edificio. De manera que se multipliquen voluntariamente las alusiones más o menos disimuladas a la historia de la arquitectura.

Estos procedimientos no están allí para demostrar un saber, sino para recuperar un patrimonio olvidado y trasponerlo a un universo tecnológico moderno. Así sucede con la repartición de los dos órdenes sobre la fachada. En Italia, éstos se reparten de manera equitativa, simétrica. En Francia, país del monumento y la solemnidad estática, la parte inferior, la que da todo su asiento al edificio, está a menudo hipertrofiada y ocupa dos tercios de la fachada.

En Marne retomo esta división a la francesa, que había adoptado sobre todo el arquitecto francés Jacques-Ange Gabriel en el trazado de la Place de la Concorde. En la parte superior, una alineación de columnas forma una especie de friso suspendido. Esta utilización aérea de una columnata recuerda a Ledoux, arquitecto revolucionario que ha dejado en París algunos monumentos importantes. Otros lectores encontrarán, aquí y allá, homenajes a Gaudí. Pero todas estas referencias se integran en un paso más general, están sostenidas por el arquetipo del teatro y del arco y se integran en una composición geométrica.

Partiendo de ahí, se entiende por qué todas las leyes tradicionales a las cuales me refiero no constituyen en absoluto obstáculos a la creación, sino que, por el contrario, son apoyos, trampolines. Las ilumino con todo el espesor de la historia de la arquitectura, mezclo los vocabularios y puedo incluso emprender, deliberadamente, la contradicción, la perversión de un sistema. Detesto lo institucional, lo demasiado perfecto. Me gusta jugar con la vegetación, las ruinas, las falsas simetrías que rompen las pretensiones marmóreas de un edificio demasiado clásico.

El edificio para la compañía Swift, en Bélgica, está hecho para ser visto entre el follaje de una vegetación que lo recorta, lo fracciona y lo integra en su centro por mediación de las plantas de interior en el templo de vidrio.

En otra parte, sigo una inclinación más bien barroca cuando decido componer, en la Place de Catalogne de París, dos elipses e integrar habitaciones entre la fachada cóncava y la fachada convexa. O incluso surrealista, cultivando la paradoja. ¿Lo común es que una ventana deje pasar la luz? Los marcos y los vidrios que dispongo sobre una de las fachadas del auditorio de Metz, colocado en un viejo arsenal, están dispuestos sobre muros ciegos. No tienen más que una función de equilibrio armónico. ¿Una puerta sirve para pasar? Las mías desembocan sin pudor en el vacío, como mis escaleras. ¿Un balcón es para asomarse a la calle? A veces los míos están privados de acceso, irrisorios e inútiles. También hay surrealismo en ese principio de cúpula que podría recubrir la Place du Nombre d'Or. Parece como si se hubiera cortado la propia cúpula, no conservando de ella más que las premisas, que forman de pronto frontones inesperados, muy en relieve, que invitan a la contemplación del cielo y las estrellas.

Aquí, más que nunca, es de rigor la locura controlada de la que hablaba al comienzo. Es metiéndose en el centro de una lógica como se consigue hacerla expresar lo que no dice. En cualquier caso, no es ignorándola. El dominio se impone tanto más cuanto que el público no aprecia necesariamente, en la vida cotidiana, esta tensión suplementaria creada por la obra. ¿Es fácil vivir en Cergy-Pontoise, bajo ese obelisco levemente inclinado que pervierte un edificio por otra parte perfectamente simétrico? Tal vez no. Los fracasos de la modernidad, que han marcado el divorcio entre la arquitectura y el público, nos demuestran que en esta materia hay que ser prudente: no basta con multiplicar los ángulos, romper los equilibrios, introducir pendientes convergentes allí donde el ojo no distingue habitualmente más que paralelas. Aun cuando se apoye en una verdadera búsqueda de formas y de geometría. Si hoy me arriesgo a ello es porque creo haber puesto a punto un sistema que me es propio, anclado en la memoria y en la historia, un sistema que me permite integrar algunos de los descubrimientos de la modernidad. El silencio, la penuria, los cambios de sentido, se inclinan al fin y al cabo ante lo que sigue siendo nuestro objetivo esencial: crear un espacio armonioso que, en cierta forma, cambie la vida.

ENSAYO DE GEOMETRIA BARROCA EN LA PLACE DE CA-
TALOGNE, EN EL DISTRITO XIV DE PARÍS

*Este proyecto, cercano a la estación de Montparnasse, pre-
tende restablecer una continuidad urbana. Por tanto, lo abordo
desde el principio como una fachada semicircular que se alía al
trazado de una plaza. Frente a este semicírculo, los bloques de
edificios delimitan dos espacios distintos: un teatro y una elipse.
Retomo la idea de Borromini: articular lo cóncavo y lo convexo
ensanchando los puntos de intersección para poder disponer apartamentos entre ambos. Después, la dificultad consiste en realizar
estas curvas complejas de manera industrial: en realidad, las obtenemos mediante trozos fraccionados de rectas.*

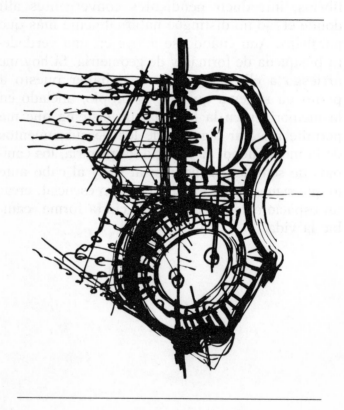

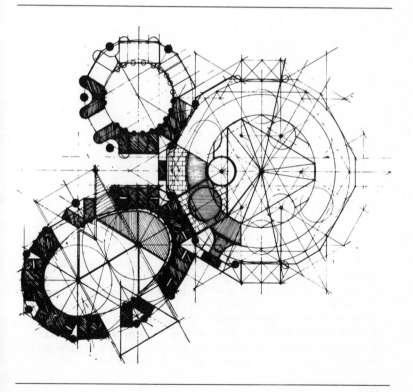

EL ESBOZO «SURREALISTA» DE CUPULA EN LA PLACE DU NOMBRE D'OR

Las fachadas interiores de la Place du Nombre d'Or están coronadas por una cornisa muy saliente. La diseñé como el esbozo de una cúpula imaginaria que recubriría enteramente la plaza. En realidad, son el cielo, las estrellas y las nubes los que componen el cielo raso siempre cambiante. Adoro esta actitud, heredada de los surrealistas, de hacer que los objetos y la naturaleza desempeñen papeles totalmente inesperados. Nuestra mirada necesita sin cesar este distanciamiento de la costumbre.

194

Construir

A fuerza de escuchar, a lo largo de la historia, que somos los demiurgos de un mundo en continuo devenir, ¿cómo no ceder a la tentación de tomárselo en serio? En el siglo XVI, la utopía de Tomás Moro ya comenzaba con una organización arquitectónica del espacio: «Toda la isla se dispone en un semicírculo de quinientas millas de perímetro y presenta la forma de una medialuna cuyos extremos están separados unos once mil pasos entre sí». Después continuaba con la descripción de una de las «cincuenta y cuatro espaciosas y magníficas ciudades» que encierra. En principio, la armonía social reposa sobre una composición urbanística.

Los grandes arquitectos asumen de buena gana este papel visionario, precursor de todas las revoluciones, que les atribuyen pensadores y políticos. A fuerza de ser solicitados, algunos se han aficionado al juego.

A través de Francesco Giorgio Martini, todo el Renacimiento soñó con ciudades ideales perfectamente ordenadas que contenían el germen de una civilización nueva.

En el siglo XX, las preocupaciones han cambiado, pero permanece la voluntad de rehacer el mundo. Le Corbusier imagina grandes unidades de viviendas, cerradas sobre sí mismas, generadoras de nuevos comportamientos comunitarios; Niemeyer intenta materializar, en la Plaza de los Tres Poderes de Brasilia, el equilibrio frágil de un sistema político amenazado sin cesar por la concentración de los poderes.

En resumen, cuando se pasa de los sueños a los actos, cuando la sociedad y sus pensadores se imaginan diferentes, es con frecuencia sobre el arquitecto sobre quien recae —y la metáfora es significativa— la colocación de la primera piedra.

Yo también viví la Edad de Oro de la utopía. Como ya hemos dicho, el Walden 7 era una manera de provocar, a través del habitat, el advenimiento de esa sociedad antiburguesa y no conformista con la que soñábamos en 1968. En aquellos tiempos, a fuerza de hierbas alucinógenas, a altas horas de la madrugada, entreveíamos lo que podía ser un modo de vida alternativo, sin célula familiar, sin recorrido impuesto. Una existencia que exaltaría al individuo liberado de la pareja tradicional, pero que también le dejaría la posibilidad de vivir de a tres, de a cuatro, en comunidad. Cada uno podía adquirir una célula y después, eventualmente, comunicarse con uno, dos o tres de sus vecinos. Marido y mujer vivirían en el mismo inmueble sin verse a cada momento, en todas las comidas. Quedaba abolida la sacrosanta propiedad: en cierta forma, cada comprador se convertiría en accionista del inmueble. Quedaba destruida la vieja distribución de las habitaciones que divide sin remisión un apartamento en sala,

Walden 7

cocina y dormitorios. A cada persona le correspondería inventar su interior, a imagen de su propia intimidad.

En este primer período, el Taller pretendía ser algo más que un estudio de arquitectura: era un lugar de efervescencia y creación cultural; una gran reunión de poetas, filósofos o pintores a la búsqueda de un futuro que parecía estar al alcance de la mano...

Pero no se borran costumbres seculares con unos cuantos muros bien diseñados. Muy pronto chocamos contra la resistencia de los individuos, demasiado integrados en su actividad social para jugar a fondo el juego de la experimentación; sobre todo se produjo la inercia de los poderes financieros y políticos que por otra parte aún subsiste hoy en día. Sigue siendo imposible construir *lofts* fuera de Nueva York; ningún promotor acepta el riesgo de un edificio formado por espacios abiertos, multifuncionales.

Sigue siendo imposible utilizar los techos de los edificios para hacer allí terrazas, lugares de encuentro o incluso simplemente poner tendederos para la ropa: ¡la noción de propiedad es tan fuerte que, en rigor, la gente está dispuesta a soportar un vecino encima de la cabeza pero no un espacio comunitario! Nuestras utopías también murieron a causa de estas restricciones.

En una época creí poder transportarlas a otra parte, a esos países nuevos no obstaculizados por tradiciones seculares, reglamentaciones puntillosas, tejidos ya demasiado restrictivos. Del otro lado del Mediterráneo, estaba todo por hacer: la urbanización, la construcción, pero también el cuadro jurídico que las acompañaría. Precisamente Argelia pretendía inventar una sociedad nueva. Experimentaba su propio modelo socialista. Seguramente, allá había fórmulas por elaborar, arquitecturas por crear que por fin contrastarían con esos edificios estándar de hormigón que los ingenieros franceses exportaron a ese país. Las necesidades eran enormes, el país se planteaba la descolonización: los signos del cambio debían concretarse primero en las ciudades.

Parto hacia Argelia con treinta personas del Taller: sociólogos, educadores, filósofos... La experiencia durará dos años, desde 1977 hasta 1979, y mis grupos de estudio emplearán hasta trescientas personas. Contando con la confianza del gobierno y ayudado, en las obras, por el ejército argelino, nos ponemos a trabajar. Objetivos: reelaborar o crear de cabo a rabo una veintena de ciudades, entregar 25.000 viviendas y aldeas socialistas que sirvieran de base a un nuevo sistema ideológico. Sobre todo, sentar estructuras sólidas que permitieran proseguir el trabajo emprendido: un Ministerio de la Construcción y una industria que pudieran asumir esta urbanización acelerada.

El fracaso fue humillante: se dilató la elaboración del marco; se siguió importando tecnología francesa a través de los países del Este; la corrupción fue la regla; ningún empresario demostró tener la experiencia necesaria; las estructuras jurídicas de propiedad no terminaban de aclararse. En resumen, los modelos estaban preparados pero no lograban materializarse en realizaciones concretas.

Sin embargo, terminó por emerger una aldea «socialista». Por supuesto, era totalmente artificial. Una especie de discurso aplicado, de teoría transformada en acto; un modelo que chocaba con reacciones imprevisibles: por ejemplo, las mujeres se negaban a habitar aquellas construcciones que les recordaban demasiado un modelo de opresión cultural del cual apenas empezaban a emanciparse. El traslado de población no dio resultado; pronto, la arena, que no perdona nada, sepultó aquella aldea que rápidamente quedó desocupada.

Para mí, fue el fin de la utopía. Pero al regresar a Europa descubrí el exceso inverso: la renuncia de los arquitectos. Era el triunfo del racionalismo, de la construcción rápida en prefabricados. Ingenieros y urbanistas se contentaban con responder a una demanda y construir a toda prisa. La arquitectura se apoyaba sólo en la sociología: se trataba de analizar el estado de una sociedad para responder exactamente a sus demandas y elevar, sin pérdida de tiempo, un habitat eficaz.

Esta falsa humildad que demuestran los vendedores, desembarazados por fin de la apuesta incierta que representaba toda creación de vanguardia, era por lo menos tan grave como la utopía en estado bruto. En efecto, le quita al arquitecto unas responsabilidades que le corresponden de manera innegable. El decorado, el espacio, tienen, indiscutiblemente, una influencia sobre nuestro modo de vida. Basta con colocar una bañera en un dormitorio para ver cambiar las costumbres de una pareja; véase el comportamiento de los paseantes que penetran en una plaza como la del Nombre d'Or, y se verá que cambian espontáneamente de actitud, como si entraran en un escenario.

En seguida se sienten relajados pero el decorado les impone sin cesar la conciencia de estar representando un papel. Tal vez la elegancia de los hombres del desierto, que me ha hecho soñar tan a menudo, tiene relación con el espacio en el que viven cotidianamente. ¿Cómo abandonarse cuando la propia silueta se recorta durante horas sobre un fondo de cielo azul, sin manchas?

Hoy resulta trivial observar que las grandes ciudades de hormigón o las ciudades nuevas tienen incidencias nefastas en el comportamiento social y psicológico de los individuos. Si bien no es razonable que el arquitecto pretenda cambiar la vida, es en todo caso irreal pretender que sea neutro cuando construye algo.

El arquitecto ha renunciado a sus sueños de piedra. Por otro lado sabe que su obra nunca es transparente, aunque sea de cristal.

Reformista más que revolucionario, su misión es la de construir puentes entre la cotidianeidad y la utopía. He comenzado este libro describiendo cómo mi arquitectura se inscribía en un marco financiero, político, social y cultural. Ahora desearía analizar el poder que puede ejercer a su vez sobre ese marco. El oficio del arquitecto empieza por la lectura de una sociedad. Después propone, con toda humildad, soluciones a algunos de sus problemas.

Reencontrar el sentido de la ciudad

La ciudad, objeto arquitectónico

Es un problema de legitimidad: si el arquitecto tiene proposiciones que hacer, puede formularlas en principio sobre la ciudad, que es su terreno de intervención natural. La extensión de los daños es considerable, aparte de la materia. La ciudad es símbolo de enfermedades sociales, de fenómenos de exclusión. Las mutaciones económicas han dejado por todas partes heridas abiertas, desesperantes terrenos baldíos, mientras las crisis demográficas de las últimas décadas nos han legado esas ciudades-dormitorio que concretan en la realidad lo que queda de la noción de clase social.

Es el colmo: hemos sido los primeros en poder construir ciudades —testigo de ello son las ruinas de Pompeya— pero esa sabiduría se nos ha escapado.

Varios fueron los factores que se conjugaron para arruinar nuestro patrimonio urbano: la urgencia de los problemas de vivienda, la especulación, la falta de una política global, aunque también el odio que los propios arquitectos sintieron por la ciudad. Este odio se manifestó a mediados

207

de este siglo en la negativa a introducir una continuidad urbana. Se abandonaron las calles, las plazas, en beneficio de unidades habitacionales yuxtapuestas unas a otras. El resultado es conocido: bloques de hormigón separados por espacios verdes que pronto se convierten en estacionamientos o en terrenos indefinidos. Como al mismo tiempo la actividad comercial se concentraba en algunos centros hipertrofiados, los bajos de estos edificios quedaron desiertos, sin tiendas ni almacenes. La ciudad dejó de ser un lugar de encuentro para convertirse en el trazado simple de unas vías de comunicación. Las autopistas ya no se detuvieron a la entrada de las ciudades, sino que las atravesaron, desgarrándolas.

Como los arquitectos renunciaron a construir la ciudad, ésta quedó, primero, en manos de los promotores, y, tras el lanzamiento del programa de ciudades nuevas, en manos de los urbanistas. Estos razonaron como ingenieros. Estudiaron las distintas funciones de la ciudad (industrias, viviendas, ocio, comercio), y la dividieron en sectores. Teniendo en cuenta el relieve, las infraestructuras de carreteras y autopistas, repartieron las funciones aisladas previamente. El resultado: aun cuando se han creado dos o tres lugares, como Cergy-Pontoise, por ejemplo, cuya situación fue decidida de manera racional, la gente no pasea, no encuentra vida comunitaria.

Este «modelo» de no-ciudad se ha difundido más allá de las fronteras europeas. Quedé estupefacto al encontrarlo incluso en la URSS, exagerado hasta la caricatura. Neoclasicismo grandilocuente con Stalin, casas de cuatro plantas con Kruschev, separadas por jardincillos cuya existencia se debe a los vastos espacios disponibles; después, con Brezhnev, bloques de hormigón de dieciséis plantas, dispuestos en ele. Y todos ellos con cerámicas pegadas, blancas, todas iguales, como para enmascarar la lepra. «Mi ciudad se parece a un cuarto de baño», me confió uno de los responsables soviéticos durante mi primera visita a Moscú.

Y en cada una de estas etapas de los países del Este, fueron los constructores franceses los que participaron en la instalación de este tipo de edificaciones.

Sin embargo, Europa es capaz de hacerlo mejor. Para comprenderlo, es necesario recordar la célebre definición de ciudad dada por Alberti en el Renacimiento. Para él, la ciudad tiene las mismas características que una casa: una o varias entradas, concretadas mediante puertas, arcos o, simplemente, signos distintivos; corredores que permiten desplazarse de un cuarto a otro y distribuir los distintos espacios; estos corredores son las calles; por último, las salas de estar, que corresponden a las plazas públicas.

Más allá de la metáfora, esta definición de la ciudad revela una concepción fundamental: entre la casa y la ciudad no hay más que una diferencia de grado, de elementos, que es preciso tener en cuenta. Por lo tanto, para el arquitecto, el proceso de creación sigue siendo el mismo. Esto significa que cumplir con un programa, repartir funciones, no agota su actividad. Como tampoco la agota la ubicación de las escaleras y los ascensores en el caso de un solo edificio.

Es necesario regresar a una disciplina desarrollada ya durante el Renacimiento: el diseño de la ciudad.

En efecto, éste permite afrontar la creación de un tejido urbano según criterios específicamente arquitectónicos, es decir, espaciales. En el papel se pueden dibujar ángulos, figuras, perspectivas, alargar ejes o, al contrario, curvarlos.

De este modo se llegan a descubrir sistemas de organización mucho más complejos que la trama ortogonal de Nueva York. París, ciudad que fue diseñada a lo largo de toda su historia, puede leerse, por ejemplo, como un tejido repartido en torno a un eje sinuoso que es el Sena. Perpendicularmente a este eje, las explanadas introducen un ritmo: la Concorde, el Trocadero, Les Invalides. De estas explanadas parten a su vez todas las calles y las avenidas formando una red muy coherente.

Así pues, hay que devolver la ciudad a los arquitectos.

Tres principios simples

La trivialidad ya no sólo es una: cada ciudad posee su propia personalidad. Después del paso de la arquitectura internacional, tal afirmación es casi reivindicatoria. Por consiguiente, enunciar algunas proposiciones sobre nuestras ciudades sólo puede hacerse con matices, distinguiendo la especificidad de cada caso, multiplicando las categorías. ¿Se trata de una ciudad del tercer mundo o de un país económicamente desarrollado? ¿Es una ciudad en crecimiento o una ciudad en crisis? ¿Una ciudad histórica o una ciudad que es preciso crear en todos sus detalles? Evidentemente, las respuestas son muy distintas en cada caso.

Sin embargo, se me permitirá aislar, a partir de mis diversas intervenciones en las tramas urbanas, algunos principios simples cuyas aplicaciones intentaré explicar en seguida.

—Una ciudad se define por un centro y unos límites. Dicho de otro modo, la urbanización de los suburbios no puede continuarse hasta el infinito sin que sufran simultáneamente la ciudad (desvitalización del centro) y los suburbios (el conocido fenómeno de las ciudades-dormitorio).

—La coherencia de una ciudad se apoya en la mezcla de los servicios y los habitantes. No me parece que la construcción de ciudades nuevas en Francia haya respondido a esta exigencia necesaria para regenerar los tejidos periféricos.

—Un país debe tener ciudades a su medida. La hipertrofia de una capital como París atenta necesariamente contra el equilibrio de un territorio y contra las metrópolis regionales. Para que París sea rica, es necesario que Marsella sea pobre.

El trazado de los límites de la ciudad

Nueva York, Florencia, Venecia, Sevilla..., las ciudades más bellas del mundo se ven a primera vista. Un río, el mar, una montaña: para tomar sus medidas, el visitante necesita retroceder, salir de la ciudad. Entonces, constreñida por la naturaleza, detenida en su expansión, la ciudad muestra toda la belleza de su fachada.

Cuanto más violento y sin transición sea el contraste entre la organización humana y la naturaleza, más gana la ciudad en personalidad. El caso de Manhattan es el más espectacular: rodeada de agua, empujada a una carrera de altura que se renueva sin cesar, la ciudad, vista desde el exterior, parece una roca diseñada por la mano del hombre.

Lo que vale para la mirada maravillada del turista, vale también para la vida cotidiana del ciudadano.

Hay una necesidad de seguridad: el habitat construido debe demostrar que sigue estando a escala humana, marcando claramente sus límites. Hay también una necesidad comunitaria: para sobrevivir, la ciudad exige una concentración, una densidad del habitat. De modo que, a diferencia de la aldea, la ciudad se define por la verticalidad: «¡De pie, era su ciudad!», exclama con estupor el protagonista de *Viaje al fondo de la noche*, de Céline, al descubrir Nueva York.

La urbanización de las últimas décadas ha trastornado estas nociones simples. Se produce la modernización de las carreteras, ferrocarriles y

212

RER*: a partir de entonces se prefiere, por razones de economía, construir en la periferia la ciudad en sentido horizontal. Un bloque se yuxtapone a otro, así hasta el infinito. Ya no es cuestión de fachada, ya no hay orden ni eje: la expansión se hace a ritmo de las operaciones inmobiliarias.

Lo que vale para las ciudades, vale también para otras formas de urbanización. En la Costa Brava, por ejemplo, la estructura de los pueblos va siendo poco a poco incluida, superada por una urbanización sin orden ni concierto, que confunde en una misma forma de habitat una especie de híbrido entre ciudad, campo y montaña. Aquí cada cual quiere su villa o su apartamento en medio de la naturaleza. El resultado es que ya no hay naturaleza ni ciudad.

Pero sea en los alrededores de las grandes ciudades o en las costas turísticas, siempre aparece el mismo fenómeno: la impotencia para construir un verdadero habitat urbano; y esto debido al bloqueo de los financieros o, simplemente, a que los arquitectos y los urbanistas han perdido toda su capacidad.

¿Qué hacer? ¿Cómo administrar ese excedente de población que fatalmente exige el despegue económico de una ciudad?

Yo defiendo una política de extensión urbana controlada, organizada, diseñada. Por ejemplo, en Montpellier tenía que responder no sólo a las necesidades de una comunidad de 200.000 habitan-

* *RER: Réseau Express Régional*. En Francia, ferrocarril rápido desde el centro de la ciudad a los suburbios, equivalente al tren de cercanías español. (N. de M.W.)

tes, sino también a las esperanzas de una metrópolis que, mirando hacia el año 2000, pretende ser una de las más importantes del sur de Francia.

Por consiguiente, se trataba de retomar el proceso iniciado en el Renacimiento italiano por Francesco di Giorgio Martini, en Urbino: agregar un barrio creado hasta en sus mínimos detalles a una ciudad moldeada por sucesivas intervenciones empíricas, por los agregados históricos que fueron constituyendo, poco a poco, lo que se llama «el escudo heráldico» (el casco antiguo).

Se adoptó la solución de la «ampliación», prefiriéndola a la creación de una ciudad totalmente nueva e independiente, abocada al fracaso, ya que una comunidad no se crea sin memoria. Cada uno de los edificios nuevos, viviendas o despachos, debió ser tratado con un estilo particular, ligándolo al resto de la trama según las reglas de la perspectiva y de la geometría. La expansión de la ciudad remite continuamente a una visión de conjunto, estableciéndose un sistema de escaleras y accesos que comunicaran la nueva Place du Nombre d'Or con la ciudad antigua.

Todo lo que marcaba los ejes y los límites se subrayó especialmente para señalar la unidad del conjunto: retomamos el eje dado por el alineamiento del Peyrou, el monumento construido en el reinado de Luis XIV, y luego determinamos, en el caso de Port Marianne, un segundo eje a lo largo del Lez, en dirección al mar.

Se tomó un eje central como principio ordenador del conjunto. En efecto, cada uno de los edificios se dispuso a ambos lados de la calle principal, respetando un ritmo de plazas voluntariamente multiplicados. La dimensión de las calles, la sucesión de las fachadas, ya no quedaba librada al azar, sino que estaban delimitadas geométricamente.

En ambos extremos de este eje se encuentran los puntos fuertes: la Place du Nombre d'Or, por el lado de la ciudad antigua y l'Arc du Conseil Régional, por el lado opuesto, que cierran la perspectiva y al mismo tiempo la abren hacia la naturaleza y el río Lez.

Sea en Burdeos o en Beirut, mi intervención siempre se ha visto guiada por idénticos principios: construir un barrio ciudadano como nos enseñó a hacerlo el arquitecto catalán Ildefons Cerdá —el arquitecto que diseñó en Barcelona, por encima del barrio gótico, esa trama soberbia constituida por el Ensanche— es saber adónde se va, en qué dirección, cómo detenerse y cómo se dejará a otros la posibilidad de continuar, según las necesidades.

MONTPELLIER, ANTIGONE

La Place du Nombre d'Or es al mismo tiempo el motor y la referencia del proyecto de Antigone. El eje central en el que he bosquejado diversas variantes (primera ilustración) permite, en la forma definitiva, determinar el emplazamiento y la configuración de las siguientes plazas (segunda ilustración). Se va desde la Place du Nombre d'Or a la plaza del milenario, cuyas dimensiones son las de la plaza Navona, en Roma. La anchura de esta plaza, 48 metros, es la del cuadrado «secreto» de la Place du Nombre d'Or. Siguen otras dos, una de las cuales es una variante del trazado de la Place du Nombre d'Or, combinación de una plaza-jardín cuadrada y dos anfiteatros dispuestos de igual forma.

Por último, la Explanade d'Europa, que permite devolver el Lez a Montpellier, delimitada por una columnata en forma de hemiciclo que se abre sobre un espejo de agua.

El Arc de l'Hôtel de la Région, que domina por su altura la composición, es el punto de articulación indispensable hacia el nuevo eje que se diseña después, el de Port Marianne. La silueta del conjunto será más liviana, más blanca, que la de Antigone. Allí habrá más árboles y jardines. El catalizador del proyecto será ese espejo rectangular de 300 por 100 metros que se dispondrá en torno a la Capitainnerie.

216

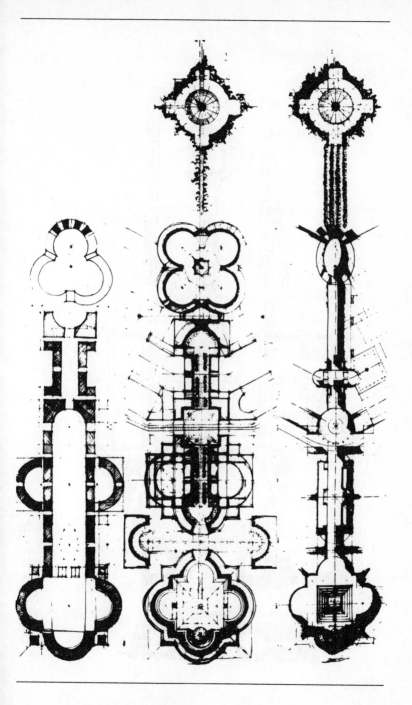

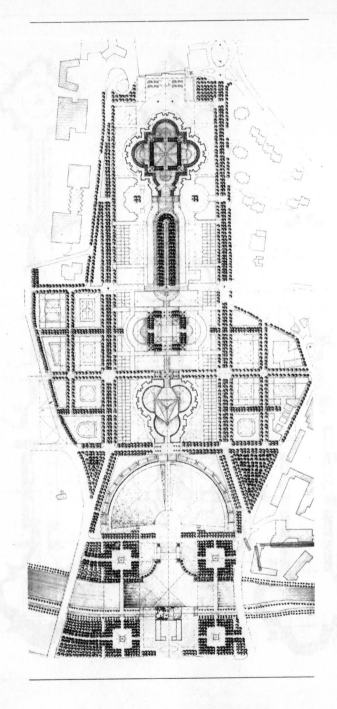

¿Cuál es la solución para los suburbios?

¿Pueden aplicarse estos procedimientos a una trama ya existente? ¿Puede México, ciudad tentacular de 25 millones de habitantes, respirar, encontrar sus barrios un orden remodelando, paso a paso? ¿Puede París esperar una solución para sus suburbios?

También en este caso todo depende de la situación económica o política del país. Evidentemente, la URSS no tiene los medios necesarios para desmantelar por completo los círculos concéntricos que forman los suburbios de Moscú, aun cuando la existencia de una polémica social sería de la mayor importancia. Sin embargo, todavía tiene que modernizar su aparato industrial. México ya tiene problemas para digerir su propio crecimiento como para responder, progresivamente, a los problemas que le plantea su demografía. Por otra parte, la ausencia de una política estable, de una democracia establecida, frena por el momento el lanzamiento de un urbanismo concertado.

Pero en el caso de Francia, y más específicamente de París, es totalmente distinto. En Francia existen medios jurídicos y políticos; periódicamente se manifiesta la voluntad de reconstruir las ciudades, voluntad que puede apoyarse en la tradición de un país que supo diseñarlas con mucho talento hasta finales del siglo XIX. Sin embargo, son raros los municipios que han conseguido organizar una política de expansión y organización de los suburbios digna de ese nombre. Se sigue razonando paso a paso.

¿Existen otras alternativas?

Las soluciones propuestas surgen de dos campos. El de aquellos que abogan por una solución radical: eliminar las ciudades-dormitorio como Sarcelles o la Courneuve de París; borrar lo que, en principio, no era más que una arquitectura de emergencia, provisional, hecha para responder a una presión demográfica hoy olvidada. Pero, ¿qué poner en cambio, teniendo en cuenta que todavía no se controla la noción de ciudad? Y, sobre todo, ¿cómo encontrar los medios financieros para una operación tan radical?

Por otro lado están los reformistas: repintar, maquillar los bloques de hormigón; hacerle un *lifting* al suburbio. Es una actitud puntual, de paso a paso, que no siempre está respaldada por un plan de conjunto.

La solución que yo propondría se halla a medio camino entre ambas posturas. En principio, habría que manejar el conjunto del conglomerado con objeto de adoptar una política urbanística coherente. Hacer una verdadera gestión unitaria y no simplemente un conglomerado de municipios, como se ha intentado en Barcelona hasta 1987.

Después, fijar los límites: las ramificaciones de París no pueden extenderse hacia el infinito, anexionar indistintamente, en una falsa continuidad urbana, las ciudades de Coulommiers, Chartres o Dreux. O sea, elegir los ejes de desarrollo precisos y atenerse a ellos. Reintroducir la forma de las ciudades en los suburbios ya construidos. En otras palabras, aislar cierta cantidad de barrios, conservarlos, rehabilitarlos si es preciso, y hacer de ellos verdaderas comunidades. Con un centro, una fachada y, sobre todo, un límite. Entre estas unidades habitacionales, que no deberían superar con mucho los dos kilómetros de longitud, no tendría que hacerse ninguna concesión: habría que eliminar los bloques de cemento que crean una transición desafortunada, liberar a golpes de bulldozer un espacio en el cual podrían acomodarse:

—*las vías de comunicación.* De este modo se evitaría el fenómeno desastroso que durante tanto tiempo ha consistido en construir los edificios a lo largo de las autopistas por razones de comodidad y facilidad de acceso, pese a las molestias que producen. Por otra parte, se lucharía contra la fragmentación anárquica del habitat de los suburbios. Para el peatón, una autopista es un obstáculo infranqueable;

—*la naturaleza.* Es imposible recrear una agricultura, de modo que habría que contentarse con parques y jardines que llegaran hasta la fachada de los barrios previamente determinados.

Este ritmo naturaleza/ciudad me parece la única alternativa al falso hallazgo de los años setenta: la construcción de urbanizaciones de torres que supuestamente liberaban a sus habitantes del dominio totalitario de la ciudad. Un centenar de metros cuadrados de terreno; chalés adosados a los del vecino: con ello se daba sin duda, gato por liebre.

De manera que, asumir nuestra función —que consiste en construir ciudades— es renunciar a la vieja idea sugerida un día como *boutade*: la de hacer ciudades en el campo. Ni el campo ni la ciudad han encontrado en ella la solución.

La mezcla de las funciones

Europa, más específicamente la Europa mediterránea, inventó la ciudad. Sin embargo, el último siglo le ha hecho olvidar su sabiduría. Los arquitectos norteamericanos y japoneses vienen a Europa a tomar lecciones de urbanismo; nosotros en cambio nos inspiramos en modelos norteamericanos.

Ambas concepciones son, sin embargo, básicamente distintas. En los Estados Unidos (una vez más, Nueva York nos sirve de ejemplo) la ciudad se reduce a un *downtown* que acoge los edificios de la administración y las oficinas de las grandes compañías. Este *downtown* se anima durante el día; incluye una importante estructura de restauración más o menos rápida y, en todo caso, algunas tiendas que venden artículos ligeros, fáciles de transportar. Un lugar que, por la noche, está prácticamente desierto.

Con frecuencia, cerca de este *downtown*, las poblaciones más pobres, reunidas en ghettos, ocupan los viejos apartamentos abandonados por las capas más acomodadas de la sociedad. Algo más apartados, están los barrios residenciales, dispuestos según una geografía financiera: se vive en tal o cual barrio, y se pasa de uno a otro en función del sueldo que se gana. El único vínculo de cohesión son las vías de comunicación, reservadas para coches. Las compras se hacen de una sola vez en los gigantescos centros comerciales.

Aquí no hay mezcla de funciones ni de poblaciones. Así, de pronto, resultan inoperantes las nociones de «centro» y «barrio».

En Europa, la ciudad se construyó sobre valores opuestos. Evidentemente, en París o en Roma hay barrios ricos y barrios pobres, barrios comerciales y barrios de negocios. Pero jamás se cuestiona la unidad de la sociedad.

Por otra parte, es posible vivir en un barrio con casi total autonomía, haciendo las compras en los comercios cercanos. El metro, el trabajo, la cama: el cine y la literatura de los años setenta nos han mostrado hasta la saciedad que la urbanización de los suburbios y las ciudades nuevas se hallaba lejos de respetar este equilibrio. El *zoning* ha hecho estragos que permiten a los urbanistas e ingenieros recortar, en un plano, las zonas destinadas a tal o cual función. El fenómeno de las ciudades-dormitorio se ha reproducido incluso en las ciudades nuevas y un reparto natural ha separado rápidamente los barrios asiáticos de los barrios negros. De esta yuxtaposición de clases y razas han surgido numerosas tensiones sociales.

Se me permitirá citar una vez más Antigone como contrapartida.

223

Aquí se han mezclado oficinas, viviendas y centros administrativos. Paseando por la calle central, donde se han instalado, bajo arcadas, numerosas tiendas, se encuentra una Maison des Syndicats, una escuela, una iglesia, oficinas de PME,* HLM y edificios en sistema de condominios. Me he ocupado de que los edificios que bordean la Place du Nombre d'Or, centro del nuevo barrio, quedaran reservados a apartamentos de alquiler moderado. Es cuestión de invertir, por una vez, nuestras costumbres: por lo general, en Europa, vivir en el centro es privilegio de los ricos; por la noche, los pobres se exilian en la periferia. En Antigone sucede al revés. Además, disminuyo los riesgos de exclusión, de separación, ya que todos los habitantes del barrio que vienen a pie desde la ciudad vieja están obligados a pasar por la Place du Nombre d'Or.

En Antigone no existe odio entre comunidades. La mezcla de las funciones va acompañada de una mezcla entre los habitantes.

Es evidente que lo que resulta posible para un ayuntamiento como el de Montpellier no lo es para todos. El semblante actual del suburbio no se debe tanto a que los arquitectos renuncian a sus aspiraciones sino también a mutaciones económicas y comerciales.

En efecto, esta mezcla de funciones, esta creación de barrios por los que abogo, carece de sentido si no vienen comercios a instalarse en la calle, en la planta baja de los edificios. Ahora bien, esto

* *P.E.M.: Petites et Moyennes Entreprises,* Pequeñas y Medianas Empresas. (N. de M.W.)

224

mismo va en contra de la estructura de la gran distribución nacional e internacional. Todo el mundo conoce el principio de una galería comercial: unos escaparates para atraer a los transeúntes y, en el extremo, un centro comercial que permite a los clientes, al cabo de unos minutos de paseo, encontrar rápidamente lo que no tienen tiempo de buscar en el exterior. El conjunto está financiado por los mismos capitales, concentrado en los mismos grupos.

Es evidente que las ganancias son buenas en Francia ya que los grupos de distribución figuran hoy en día entre los líderes nacionales. Por tanto, no hay que desdeñar su papel básico en la elaboración de los grandes proyectos inmobiliarios. En todo proyecto de envergadura es prácticamente inevitable este tipo de concentración. De modo que el arte consiste en que las autoridades locales, el promotor y el arquitecto, compongan, inventen sistemas originales que permitan preservar, a pesar de todo, el equilibrio indispensable para la cohesión del tejido urbano.

Revivir nuestros centros

Una ciudad viva, donde se habla, donde se realizan encuentros e intercambios, exige un centro, al mismo tiempo lugar de preservación de la memoria y lugar de celebración de la identidad común así fraguada. Lo que me parece indispen-

225

sable en los alrededores de la ciudad, lo es con mayor razón en su propio interior.

El regreso de los jóvenes al centro viejo, la subida de los precios, índice de una demanda que aumenta sin cesar, volverán a demostrarlo: la noción de centro no está obsoleta ni siquiera en la era de la electrónica, de la domótica y la telemática. Uno desea recibir en casa una decena de cadenas de televisión del mundo entero, hacer sus compras por teléfono, vigilar a la abuela por la pantalla de vídeo y ligar por Minitel; no por ello disminuye la necesidad del verdadero intercambio, incluso silencioso, que permiten una plaza pública o una avenida. Hoy, la ciudad debe recuperar ese calor olvidado.

El habitat inteligente, tan celebrado hoy en día, no es nada sin una ciudad inteligente.

Esta rehabilitación de los centros pasa en principio por grandes proyectos arquitectónicos. Para ello tenemos que olvidar nuestras viejas reticencias, nuestros prejuicios que evidencian también nuestra falta de confianza: Europa es un continente histórico. Cada ciudad posee un centro histórico del que está orgullosa, a menos que haya sido destruido en una de las dos guerras. Los objetos del pasado son objetos sagrados. Nuestra época hace de la tradición un mito, un valor absoluto y, a fin de cuentas, un obstáculo a todo intento de evolución. En el mejor de los casos, se limpian las fachadas, se crean calles peatonales (lo que hunde la ciudad en un silencio artificial que suele resultar siniestro) y se instalan algunas farolas o algunas fuentes tradicionales, a veces encantadoras, siempre folklóricas. En los Estados Unidos, estas reticencias son mucho menores: las ciudades, amnésicas, no cesan de moverse, de construirse, de demoler los rascacielos que todavía ayer eran motivo de orgullo. El neoyorquino más acomodado afronta diariamente problemas arquitectónicos en el marco de su vida. La discusión abandona de los salones y ya no se limita a debates mundanos. En Europa, el encanto de las piedras ha empujado a los arquitectos al exilio. Porque éstos trabajan lo nuevo, los objetos aislados, el acondicionamiento de terrenos baldíos. Pero han olvidado las enseñanzas de Bernini o de Borromini, que intervienen con su estilo propio en un tejido ya estructurado. Toda recomposición de una obra perteneciente al patrimonio parece ser un crimen de lesa tradición.

Una prueba: la pirámide del Louvre, realizada por el arquitecto chino Pei, suscita hoy, una vez construida, menos críticas y polémicas que en el momento en que se tomó la decisión de levantarla. ¿Se trata de una satisfacción general ante una estética que es sin embargo poco habitual?, ¿o de cansancio de los adversarios? Hay algo de ambas cosas, pero sobre todo indiferencia respecto de lo que la pirámide es realmente; el verdadero escándalo era la idea, sin embargo necesaria, de trabajar en un monumento simbólico del patrimonio francés, mezclando materiales modernos como el vidrio o los tubos de acero con viejas piedras que, se creía, no pedían más que descansar en su sitio.

Tratándose de una ciudad, esta somnolencia

tiene mucho de mortuorio. Es algo que recuerda las viviendas victorianas de Harlem, medio devastadas por los incendios, abandonadas a los *squatters*, que esperan el absoluto silencio para que resuenen las piquetas de las demoliciones, despiadadas e irracionales.

Por lo tanto, hay que intervenir a tiempo, en la medida en que todavía puede salvarse una parte de la ciudad, mientras las fachadas más hermosas puedan integrarse en una operación de reaglutinación (es decir, reconstrucción) necesaria. No esperar a que el centro se haya convertido en refugio exclusivo de marginales y desclasados. Por otro lado, no se trata de demoler todo para partir de cero: yo mismo tuve dificultades para convencer al gobierno argelino de que adoptase una política moderada cuando, rencorosos, querían arrasar Argelia para borrar toda huella de colonización. No fue fácil hacerles aceptar esta parte de su pasado. En el fondo, mi trabajo recuerda el del cirujano que, si es necesario, no vacila en extraer las partes enfermas, en crear nuevas funciones orgánicas, pero que se abstiene humildemente cuando el tejido parece sano. Esto también pasa por una política global, coherente: la creación del Centro Cultural Beaubourg no sólo ha atraído a siete millones de visitantes por año; también ha dado, de manera más general, un hálito nuevo al barrio de Les Halles e, indirectamente, al barrio del Marais. En cambio, en Barcelona, capital de un país donde priman lo individual, lo preciso, todos los intentos de reestructuración del Barrio Chino han fracasado hasta ahora. Hay museos, hay plazas, pero entre todos estos polos importantes las callejuelas siguen siendo insalubres: por mucho que se esfuercen los urbanistas, el barrio es cada vez más el reino de prostitutas, toxicómanos y ladrones. Persiste el riesgo de que, en poco tiempo, se vacíe por completo el centro histórico de Barcelona, hasta el Ensanche.

Reavivar la competición entre las ciudades

Como hemos visto, devolver vida a un centro, a un barrio, es recrear una dinámica mediante la mezcla de sus funciones; también es iniciar reconversiones, permitir que la ciudad ocupe una posición específica y concurrente en la competición nacional e internacional. En este sentido es significativa la relación que mantienen las ciudades con un río o una costa marítima. Allí se instalaron en el siglo XIX las actividades secundarias que exigían espacio y proximidad de los puertos. Tras la segunda revolución tecnológica, esos enormes terrenos quedaron abandonados. Con mucha frecuencia, los urbanistas los aprovecharon para hacer pasar por allí redes de carreteras y autopistas. De pronto, las ciudades afectadas por este fenómeno (Nueva York, Sevilla, Montpellier...) quedaron definitivamente separadas de su fachada marítima o fluvial. Es imposible salir de la ciudad y tocar el agua. Son objetivos económicos y turísticos frustrados. Hoy se trata de devolver a

229

las ciudades estas fachadas frente al mar o a un río estableciendo barrios nuevos, espacios que destaquen su particularidad geográfica y le confieran un papel preciso y una identidad marcada.

En Francia, esta competición, que exige una postura clara de las ciudades, tiene problemas para iniciarse. La estructura centralizada del país, dominado por una capital hipertrofiada, tiene sin duda algo que ver en ello.

Hoy, París tiene la dimensión de una capital europea. Pero en la situación política actual su tamaño le hace sombra a las demás ciudades francesas. En torno a este monstruo, en un radio de 200 kilómetros, las ciudades sólo pueden definirse en relación con la capital, en términos de conflicto o fidelidad. En otras partes, las metrópolis quedan fuera de la carretera, reducidas al papel de polos regionales. Es el vacío, allí donde tendría que haber una red de ciudades de dos o tres millones de habitantes, repartidas igualitariamente por el territorio. En sus términos, España ha logrado este equilibrio: la Exposición Universal de Sevilla; Barcelona, ciudad olímpica en 1992; se ha iniciado la competición, que incluye Madrid, Bilbao o Valencia. Pese a sus cuatro millones de habitantes, la capital ibérica está lejos de ser la favorita; tiene que enfrentarse con otras ciudades, convencer de su dinamismo para atraer inversores.

En otra escala, las ciudades de los Estados Unidos conocen, alternativamente, el poderío y la crisis, la afluencia de capital económico y el desdén de los financieros. Yo conocí la metamorfosis en Houston (Texas) en el momento de la crisis del petróleo. Allí, la subida de precios de los carburantes se había traducido en una edad de oro de la construcción; hasta 1974, la ciudad había visto surgir como setas los rascacielos de un centro financiero que le hacía falta. Al producirse el hundimiento en la cotización mundial del petróleo, los dólares huyeron, las grúas se inmovilizaron, se suspendieron las obras y las oficinas se revendieron a la tercera parte y aún a la cuarta parte de su precio.

Entonces los capitales se trasladaron a ciudades como Los Angeles o Boston, capaces de desarrollar la industria electrónica de punta. Se reproduce la escena, la misma fiebre de construcción... hasta la próxima moda. Por su parte, Nueva York recibe, aunque amortiguadas, las ondas de choque. Los distintos estratos del *financial district* son testigos de ello, así como la progresión sincopada, en *stop and go,* del mercado de la construcción, que hace a la vez la fortuna y la ruina de los promotores.

Estos movimientos de capitales, estas promociones brutales y a menudo imprevisibles, crean entre las ciudades —y luego entre los estados— un proceso de emulación, una carrera hacia la excelencia. Verdad es que el sistema tiene sus defectos e impone con frecuencia una arquitectura comercial carente de interés.

Pero la lección está ahí: el dinamismo de un país presupone el dinamismo de sus ciudades. No hay dinamismo sin competición. No hay competición si la gente sólo ve mediocridad a su alrededor.

Por lo tanto, me parece que esta vía es la que va a elegir Francia: una redistribución urbana, una redefinición de las funciones y los programas de cada ciudad que evite al mismo tiempo la especialización, debido a la cual mueren demasiadas ciudades, y la proliferación de industrias que conduce gradualmente a la asfixia del tejido urbano. Esto exigirá sacrificios: ciertas ciudades, que hasta ahora han estado sostenidas artificialmente, tendrán que afrontar su porvenir por sí mismas; otras deberán renunciar a su vocación internacional. Pero no hay elección. Es preciso construir la historia o padecerla.

Mezclar las funciones, organizar verdaderas comunidades urbanas, administrar la expansión de las metrópolis y regenerar sus centros, vale decir recrear una verdadera emulación entre ciudades. Estas son algunas de las batallas que deben librarse para que nuestras ciudades dejen de parecerse a cubos de basura de la historia, para que nuestro habitat, que se ha convertido en la expresión simple de fenómenos económicos que nos superan, deje de ser la contaminación más grave y duradera de nuestra civilización industrial. Esto dice mucho del lugar que deberían ocupar los arquitectos en los años venideros.

El arquitecto en lo cotidiano

¿Qué es un programa?

Más allá de la ciudad, lo que sin duda hay que replantear es la relación con nuestro paisaje y nuestro habitat en su conjunto. El arquitecto debe volver a ocupar su lugar junto al usuario, tanto en los gestos espectaculares como en los humildes.

Evidentemente, los puros debates de estilo son vanos. No se trata de saber si se tiene el derecho a ser clásico, funcionalista, desconstructivista o *high-tech,* sino, más profundamente, de saber si se piensa la construcción en términos arquitectónicos, es decir, artísticos y simbólicos. Es preciso subrayar la unidad profunda de nuestra disciplina y no las divergencias que nos separan.

Esta rehabilitación del papel del arquitecto se apoyará en un mayor dominio de los objetivos y medios de nuestro arte. Las condiciones no han cambiado mucho desde el Renacimiento: los progresos presuponen la elaboración de programas operativos que correspondan a las mutaciones rápidas de nuestras necesidades, y presuponen también la utilización —cedida durante demasiado tiempo a los ingenieros— de materiales nuevos.

Detengámonos un momento en la palabra programa. Este designa el papel que debe desempeñar el edificio. Su definición forma parte integrante del trabajo del arquitecto. No siempre es simple. El cliente nos comunica sin orden sus costumbres y necesidades. Es a nosotros a quienes corresponde poner orden. Si se retoma el ejemplo de Swift, se puede seguir el trabajo de clarificación que ha exigido este edificio aparentemente simple, tranquilo. El edificio se encuentra en el centro de una red mundial de conexiones informáticas; es necesario, por consiguiente, prever los circuitos de todos los cables de ordenadores. Por lo tanto, el trabajo se hace en estrecha colaboración con los ingenieros informáticos. Pero, por otra parte, el lugar tiene una función de recepción al visitante extranjero. De esta necesidad surgió el atrio de vidrio. También es un edificio donde se realiza trabajo e intercambio. Por lo tanto, era necesario disponer de oficinas pero sobre todo establecer recorridos de comunicación. Swift favorece la comunicación horizontal, en contraste con los rascacielos norteamericanos. Los corredores están deliberadamente ensanchados. Por otra parte, como el espíritu de esta empresa excluye las jerarquías y las separaciones demasiado marcadas, quisimos evitar establecer una solución de continuidad entre las plantas. Preferimos las escaleras a los ascensores, dándoles un aspecto más agradable que lo habitual. En Swift también se vive. Se come allí. ¿Qué deseaban los ejecutivos de la empresa? ¿Cambiar completamente de clima durante las comidas, penetrar en otro

234

tipo de arquitectura para mejor «despejar» la cabeza? ¿O, por el contrario, no encontrar en torno a su mesa más que variaciones ínfimas del espacio que ocupan, para poder continuar la conversación? Todo proyecto empieza por este tipo de preguntas.

Responderlas exige un planteamiento total de las funciones. Estas, como las formas geométricas, permanecen con frecuencia enmascaradas por el hábito. Sigamos con Swift. Estamos en un bosque, en las afueras de Bruselas. La mayor parte de los visitantes y empleados llegará en coche. Por lo tanto, en el pliego de condiciones figura un parking subterráneo. ¿Cómo abordarlo? ¿Como un lugar siniestro donde se abandona el vehículo cerrando los ojos y apretándose la nariz bajo el resplandor macilento de las luces de neón? ¿Se puede descuidar lo que en realidad va a constituir la puerta de entrada del edificio?

Elegimos, por el contrario, diseñarlo, aplicar a los pilares, a los espacios y a la iluminación el mismo tratamiento que al edificio. En definitiva, su situación geográfica, su función, han transformado el programa habitual de un parking en un recibidor en el cual la compañía no titubea en organizar cocktails.

La situación de las ciudades y las obras nos invita sin cesar a este análisis que vuelve a partir de cero, desestructura las ideas preconcebidas para mejor adaptarlas a nuestras exigencias. Las ciudades cambian, deben afrontar todos los días reestructuraciones que modifican su semblante. Es el momento de preguntarse para qué sirven los edificios o, mejor aún, cómo y en qué condiciones pueden servirnos. La arquitecto italiana Gae Aulenti lo ha hecho transformando la estación abandonada de Orsay en un templo del arte del siglo XIX. Yo intenté hacerlo también en Metz, con el auditorio inaugurado en 1989. Originalmente era una construcción militar. El ayuntamiento deseaba hacer de él un edificio civil dedicado a la música. Por lo tanto, en este espacio dado debían converger varias funciones sin atentar por ello contra el edificio original, considerado monumento histórico.

Fue preciso colocar en el interior la sala de espectáculos propiamente dicha. El programa era estricto porque estaba dictado al mismo tiempo por restricciones de lugar y de acústica; después, la sala de ensayos, de exposiciones, el restaurante; en suma, todo lo que constituye en verdad un lugar dedicado al espectáculo. Es decir, una nueva vida para un edificio con dos siglos de antigüedad.

No se trata de retornar a la tiranía de la función contra la cual me he rebelado antes. No obstante, no por ello la elaboración del programa deja de constituir una etapa previa indispensable que, en ciertos casos, puede dar un sentido suplementario a la obra. En mayor escala, es apasionante reflexionar en el «programa» que podría relanzar la actividad del barrio de una ciudad. ¿Cuál podría ser el efecto de un nuevo teatro, de un centro financiero, de una discoteca, en el centro «cultural» que fue Harlem en otros tiempos? Para el arquitecto norteamericano Richard Meyer debió de ser apasionante concebir su nueva biblioteca de La Haya. Situada en los locales del ayuntamiento construido por él, la biblioteca mezcla funcionarios y lectores; el recorrido está pensado para que se produzcan los encuentros. Allí la gente trabaja y se cultiva. Gracias a este cruce de dos programas, el arquitecto propicia la interrelación de la sociedad civil y, mediante el espacio, da los signos objetivos de una comunidad.

El arte y la materia

En el extremo opuesto del programa, muy conceptual, está el trabajo sobre la materia. Dicho de otro modo, el control de los procesos tecnológicos, que se nos escapan con frecuencia. Reabrir la puerta a la invención también es regresar a la fábrica o al taller. Es preciso elaborar, o hacer elaborar, materiales nuevos, para arrebatar el poder a los ingenieros, los industriales y los constructores.

La historia del Taller también está ligada a desarrollos tecnológicos. Durante diez años hemos luchado para que la prefabricación tenga la nobleza de la piedra. Durante los años setenta, cuando llegué a Francia, el trabajo del hormigón —en el cual Francia tenía sin embargo excelente reputación— imponía a las construcciones HLM la forma catastrófica del «bloque».

En efecto, esquemáticamente un edificio prefabricado está formado por una sucesión de muros de carga, compactos, sobre los que se fijan, perpendicularmente, los paneles de fachada.

Primera limitación: se estaba obligado, por razones físicas, a prever un muro de contención cada seis metros. Por consiguiente, había que repetir las mismas estructuras con mucha frecuencia, lo que producía una monotonía fatigosa. Y, por otra parte, ¿cómo terminar el edificio? Por supuesto, con una medianera. Esto daba como resultado esos paralelepípedos de hormigón herméticamente cerrados en ambos extremos (en un proceso industrial, es imposible abrir ventanas en esa medianera), que los renovadores se empeñan hoy en decorar con *trompe-l'oeils* o nubes multicolores. En cuanto a articular entre sí esos bloques, hacer girar los edificios para coincidir con una figura trazada previamente, no se podía ni soñar con ello.

Se agregaba el problema del color, del acabado: en esa época, no se sabía hacer más que muros de hormigón gris, condenado a un envejecimiento leproso. Resultado: el hormigón se convertía en el signo de una arquitectura pobre. Los nostálgicos de la piedra tallada añoraban una era desaparecida, los maestros ingleses del acero y el vidrio aplicaban los hallazgos de Mies a una arquitectura de oficinas, vale decir, de prestigio.

Por mi parte, deseaba un estilo que no fuese ni el moderno estilo internacional del acero ni el regreso a la piedra o el ladrillo. En consecuencia, era preciso adquirir los medios concretos, hacer trabajar a ingenieros y equipos técnicos en la óptica precisa que me interesaba; cuando era necesario, ir incluso a ver a los mismos obreros porque, en efecto, entre ingenieros y albañiles, la construcción es uno de los últimos sectores industriales donde aún existe entre los obreros una sabiduría casi artesanal.

La recompensa llegó gradualmente: las Arcades du Lac y la Place du Nombre d'Or nacieron también de estos esfuerzos. En cuanto al color de la propia materia, hemos experimentado con diferentes pigmentos, probado su envejecimiento, en la mayoría de los casos decepcionante; después adoptamos el principio de coloración por variación de las arenas empleadas. Más de una vez tuvimos que hacer abrir canteras cerca de las obras. La instrumentación de nuestros proyectos en la URSS también pasará por esta etapa.

Logramos también convencer a los constructores de que era posible articular los edificios sin por ello aumentar los precios. ¿Qué sucede cuando se colocan dos paralelepípedos en forma de L? ¿Cómo se ocupa el ángulo formado por su intersección? Y más difícil todavía: ¿cómo se pueden industrializar rótulas en las cuales se instalarán los ascensores o los huecos de escaleras, y que permitirán que los edificios giren en torno al ángulo deseado?

¡Cuántas discusiones para convencer a los grandes constructores! Todavía no se trataba de inventar materiales nuevos, sino simplemente de cambiar los hábitos, imponer caminos de investigación que obedecieran a una orientación básicamente arquitectónica y estética.

Hoy no faltan estos caminos. ¿Cuándo se divulgarán los materiales y las aleaciones que emplea cotidianamente la industria armamentista? Sabemos que un hilo de *kevlar* puede levantar un peso de varias toneladas, que el titanio reúne resistencia y ligereza; lo mismo ocurre con ciertas resinas sintéticas. La arquitectura, que necesita constantemente hacerse más fluida, más aérea, ya debería poder utilizarlos. En el Taller estamos empezando a trabajar con un investigador del CNRS* que tal vez nos ayude a descubrir algunas de sus aplicaciones.

Sin duda, se ignoran las inercias que hay que vencer todos los días. La industria debería permitir ir más lejos y más rápido que la artesanía. Pero, por el contrario, suele ser a menudo un factor de inercia. La moda dicta sus leyes mediante las economías a escala. Si algunos grandes industriales deciden que los vidrios de las ventanas serán de vidrio ahumado verde, habrá que solicitar con cinco años de antelación para obtenerlos rosados. Y quizá dos años después suceda al revés. A menudo existen los procedimientos tecnológicos, pero una compañía poderosa, en situación de monopolio, bloquea su aplicación. Para ello dispone de armas definitivas, instituidas originalmente para mantener la seguridad del ciudadano, que son las denominaciones oficiales. Sin denominación no hay construcción posible. Si la compañía no quiere invertir, si juzga que el mercado no es suficiente, no hay denominación posi-

---

* *CNRS: Centre National de la Recherche Scientifique*, Centro Nacional de la Investigación Científica. (N. de M.W.)

ble. Tiene suficiente poder como para bloquear el proceso de reconocimiento. Esta es la explicación de nuestro retraso en el terreno del acero o del vidrio respecto, por ejemplo, de los ingleses.

De modo que, sin duda alguna, la utilización rápida y sin reservas de nuestra tecnología en el terreno arquitectónico será el reto al que todos deberemos responder en los próximos diez años.

Dar forma a nuestro paisaje

A menudo se oye decir que en Europa no hay trabajo suficiente para la arquitectura. Sin embargo, la cantidad de arquitectos por millón de habitantes es una de las más bajas del mundo. Francia tiene menos arquitectos que España y Gran Bretaña; y muchos menos que la RFA y Dinamarca. Además, sería necesario saber cuántos arquitectos inscritos trabajan regularmente. Sin embargo, las necesidades son enormes, a condición de replantearse el estatuto y el territorio de intervención de la profesión. Nos corresponde a nosotros dejar de ser simplemente autores de edificios precisos, identificables, para convertirnos en artesanos de una relación nueva entre el hombre y su marco de vida.

Por ejemplo, la experiencia me ha permitido abordar dos territorios que, en la mayoría de los casos, escapan a la profesión: los trabajos públicos y la casa individual. Originariamente se trataba de una propuesta de la empresa de las autopistas del sudeste de Francia, que aceptamos entusiasmados: intervenir en el trazado de una autopista, dejar de padecer la transformación del paisaje como una catástrofe ecológica justificada por restricciones de comunicación, y aprovechar esta falla, esta ruptura que introduce el trazado de la calzada para geometrizar la naturaleza.

Estamos en el Perthus, entre Francia y España: para mí, el lugar tiene una alta significación simbólica. El primer proyecto atraviesa todos los Pirineos. Demasiado caro. La segunda versión se limita a una calzada de un kilómetro. Sigue siendo demasiado caro. Terminamos por proponer un signo único, fuerte, una especie de bandera de Cataluña, un monumento suspendido en lo alto de una pirámide, figura que elegimos porque responde, geometrizándolas, a las montañas de los alrededores. Esta vez acertamos: es más barato amontonar en el lugar la tierra extraída de las canteras que transportarla hasta el mar. El monumento, con sus falsas perspectivas, sus cubos y sus jardines «a la francesa», saluda hoy a los millones de visitantes que cruzan cada año la frontera entre España y Francia.

El proceso se repite en el área de servicio de los Volcanes, cerca de Clermont-Ferrand. Esta vez nos encargan la realización de un conjunto: en principio, se trata de un puente en el cual utilizamos todas las reglas de la armonía y las calidades de materiales que hemos elaborado. Es una pequeña revolución en el terreno del equipamiento: por lo general, los puentes son diseñados por

Area de los Volcanes

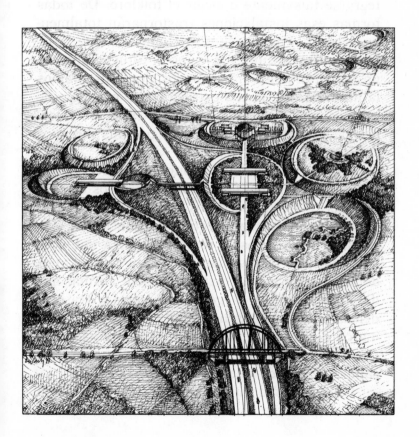

ingenieros debido a que exigen rendimientos técnicos. Y cuando son menos importantes, como en el caso de los que atraviesan una autopista, están estandarizados, preparados, prácticamente disponibles por catálogo.

También construimos todos los equipamientos que constituyen la justificación del área: después del puente, hicimos un restaurante, una estación de servicio y playas de estacionamiento; también un área de descanso. Es inútil ser discretos, integrarse falsamente o elegir el folklore. De todas formas esas instalaciones trastornarán totalmente el lugar. Por consiguiente, tenemos que reflexionar como arquitectos, como si estuviéramos en un medio urbano. Trazamos los ejes. Observamos la naturaleza y de ella extraemos un principio de composición. A nuestro alrededor están los volcanes de la cadena de los Puys, con sus antiguos cráteres.

Una vez estilizados y depurados, éstos se acercan al prototipo del teatro que conocemos bien en el Taller. Por lo tanto, todos los elementos del programa van a articularse entre sí en función de esta forma. Proceso clásico reservado hasta entonces a los parques de los castillos y del cual tratamos de hacer un principio de intervención: afirmar mediante el diseño y la geometría nuestra trascendencia sobre la naturaleza; imprimir al paisaje la marca de nuestra humanidad. Los viaductos, los puentes, las carreteras —y quizás algún día los campos— son de nuestra incumbencia.

Esta voluntad intervencionista, este rechazo a dejar degradarse no sólo la ciudad, sino también la naturaleza, exigen una acción segura que constituya, precisamente, la bisagra entre la ciudad y el campo: la casa individual. No la vivienda lujosa que vemos aparecer en las revistas. Esa arquitectura de élite, que hasta ahora he abordado poco, no me interesa más que como laboratorio de formas. Pienso más bien en ésa que, contigua a la del vecino, en parcelas que nadie controla, deteriora poco a poco el paisaje. En la mayoría de los casos, estas casas son construidas a partir de catálogos por grandes grupos que se contentan con adaptar sus planes a los criterios más visibles de la región. Compre su villa provenzal, su casita en el Ampurdán, su granjita normanda; su pabellón en Ile-de-France, su casa ibicenca... y encuentre tanto en un lugar como en otro los mismos interiores, los mismos materiales. En el fondo, el problema de la casa individual es el mismo que el de la URSS; se trata de afrontar la cantidad y la repetición. Se puede, claro está, enmascararlas a toda prisa. Por el contrario, también pueden construirse sistemas generadores que permitan componer mientras el proyecto se adapta al terreno. En estos casos es el propio proceso industrial el que debe ser orientado hacia objetivos arquitectónicos, y no a la inversa.

¿Y qué decir de esos interiores destruidos por un *design* vulgarizado, víctimas ellos también de esa industria que, arrastrada por la ley de las series, no consigue conservar su rostro humano? ¿O de esas aldeas que a menudo quedan apartadas de toda preocupación arquitectónica, contribuyendo, de este modo, a aumentar un poco más la separación ya existente entre lo urbano y lo rural?...

En realidad, el campo de intervención es inmenso, al menos si estamos seguros de nuestros métodos y confiamos en nuestro arte. Y también si somos lo bastante fuertes como para modificar nuestros prejuicios y destruir las barreras que son las reglamentaciones. Los medios de comunicación hablan cada vez más de arquitectura; aquí y allá se ganan elecciones abogando por la mejora de la calidad de la vida. Se acaba para los arquitectos el tiempo del exilio. Después de dos siglos de revolución industrial, podemos dar señales de vida a nuestro habitat y a nuestro entorno.

Ultima mirada

Es extraño volver a leer, sobre el papel, nuestras ideas reunidas, sintetizadas, organizadas. Ver cómo el curso de una existencia se interrumpe sin cesar en su carrera hacia adelante, hacia el futuro, y pueden advertirse cortes, etapas dentro de la arquitectura. Son como instantes de silencio, intervalos o pausas para respirar y ordenarse antes de reemprender la marcha.

Más allá de las teorías, de los balances que he intentado trazar aquí, se me aparecen preguntas insidiosas. ¿Qué queda de todo eso, de esa obstinación por dar forma a mi propia visión del espacio para proyectarlo hacia los demás? Percibo más que nunca la tensión entre una calma interior, a la cual no dejo de aspirar, y el desorden objetivo de mi vida. Pienso en los artistas que admiro: en Bach, que había regulado su vida como sus compases; en Picasso, anclado en Vallauris, que tenía el pundonor de rehusar las llamadas de la hormigueante América; pienso en todas esas vidas creadoras, encerradas no obstante en ritos puntuados por despertares a horas fijas, comidas compartidas con seres familiares, horas de silencio en las que el espíritu puede solazarse. Imagino una existencia diferente: habría elegido, por ejemplo, entre Nueva York, París o Barcelona. Pertenecería a un país y me sentiría orgulloso de mis raíces. Por la mañana saldría de mi dormitorio sabiendo adónde voy; conocería de memoria mis horarios; tendría todo el tiempo necesario para pensar un proyecto; por la noche sabría contentarme con una mujer y una verdadera familia. De vez en cuando, algunos amigos. Salidas los fines de semana para cambiar de ambiente. Con la certeza de controlar una vida que se escapa.

En mi cabeza se atropellan las imágenes: salidas al alba para cruzar el cielo de un Atlántico que parece no terminar nunca; escalas en tristes aeropuertos en los que se pierde la idea misma de tiempo, aturdido por el desfile de los cambios de horas. Un teatro en Barcelona, una torre en Chicago, un barrio en Boston, un terreno en Moscú. Los proyectos se acumulan y mezclan.

En mi estudio de Barcelona —ese espacio blanco hecho de círculos cruzados que había destinado a la creación y a la meditación— se suceden las citas; los hombres de negocios, los promotores, saludan y desaparecen.

¿Tendrán razón los periódicos cuando hablan de mí? Neoclásico, porque trabajo sobre la arquitectura antigua. Monumental y megalómano, porque todo descansa en cambios de escala, es decir, en gestos fuertes, llamativos e inmodestos. Y seductor, porque incluso aquel que no sabe nada de arquitectura puede sentir una emoción si es sensible al espacio.

No continuaría —y no habría escrito este libro— si no pensase de otra manera y si no hubieran otras personas que comparten mi opinión. Por supuesto, pueden criticarme, pero no pueden privarme de la simple aventura del hombre que intenta, de un país a otro, de un proyecto a otro, crear su universo, establecer su propia lógica, más allá de las fronteras y las modas.

Regreso de un viaje de una semana. Sin aliento y embriagado de contrastes. Esta vez ha sido Chicago. Vuelvo a ver a esos hombres de negocios, de impecable aspecto, confiados, instalados en sus sorprendentes despachos del *downtown*, ese *downtown* ya moldeado por la historia, dedicado, más aún que el de Nueva York, al culto del dinero y la construcción. De nuevo, esos terrenos baldíos, sórdidos, donde se instalan los desechos de todas las industrias del lago Michigan y que terminarán por ahogar la ciudad. Hay millares de personas que atraviesan dos veces al día ese *no man's land* para ir desde el suburbio de lujo a la torre climatizada. Es un poco como si hubiera que recordarles a los grandes de las finanzas el revés de la trama y el precio del poder.

Sin transición, aterrizo en Cuba. En medio de salas grises escucho resonar, bajo el retrato impasible del Che, extraños cantos a la Revolución, discursos en los que la política se confunde con la violencia, la pasión de las armas y, sobre todo, el orgullo de decirles no a esos hombres de Chicago con los que estuve la víspera. Como un relámpago diviso La Habana, de noche, a través de los cristales ahumados de una limusina oficial medio corroída por la herrumbre de más de treinta años de servicio. Y luego, la última mirada, por encima de las luces de la ciudad, mientras un helicóptero de fabricación soviética me lleva ya hacia el aeropuerto.

Dos días después estoy en Moscú. Hacia Sebastopol. Otro espacio, abedules sin fin, granjas tranquilas. Lodo, lluvia. Al finalizar una cena oficial, escucho interminables palabras de funcionarios que sueñan con transformarse rápidamente en empresarios.

¿Y después? Barcelona, París, lo cotidiano. No obstante, en cada ocasión no sólo se trata de mirar, de dejar desfilar un paisaje, sino de intentar comprender, de pasar al otro lado, donde están los actores. Es el privilegio y la fatalidad de un arquitecto.

Poco a poco percibo el sentido de esta huida hacia adelante que vivo como una droga: la voracidad de verlo todo, de probarlo todo para elaborar mi estilo de vida, mis propias referencias; la ambición de lograr una síntesis, a saber, al mismo tiempo, una selección, una resolución y una superación personal.

De pronto comprendo mejor mi trayecto arquitectónico. Desde las callejuelas de Barcelona hasta los cubos apilados de Ibiza; desde las iglesias del Renacimiento a los templos de la antigua Grecia, he querido recorrer la historia y el pasado cultural de mi arte con la misma pasión con la que me he movido por la vida. Es el mismo desdoblamiento: atravesar el tiempo sin perder nunca de vista las condiciones específicas en las cuales desarrollo mi trabajo hoy en día. Estar aquí y en otra parte. Pero no me he identificado con ningún estilo. Simplemente he tratado de utilizar un patrimonio, una memoria en la que anclar mi proceso personal, en medio de un siglo amnésico.

Para mí los años venideros serán decisivos. Primero he puesto a prueba mi vocabulario, mi estética, esa estética que, a la luz de las nuevas tecnologías, me ha llevado treinta años elaborar, integrando en ciertos proyectos los materiales más modernos. Querría ir aún más lejos, realizando nuevos cruzamientos, nuevas síntesis basadas en mi propio «diccionario». Una vez más, estoy preparado para reanudar el recorrido siempre azaroso, a veces desesperante, que conduce a un estilo de vida. O simplemente a un estilo.

Post-scriptum

Fue necesario bastante más que ideas compartidas y reuniones de trabajo para llegar a esta escritura a dos manos que nos habíamos propuesto como objetivo Ricardo Bofill y yo. Primero, inventar un método: el primer texto redactado, que reunía los diversos elementos de una compleja práctica arquitectónica, hizo el camino de ida y vuelta entre Barcelona y París. Era el punto de partida de una reflexión que no quería detenerse en la simple descripción, sino que pretendía asimismo sacar a la luz la coherencia potente, casi sistemática, que subyace bajo la obra de piedra. En consecuencia, el objetivo no era el de escribir un tratado de arquitectura, sino más bien el de reanudar el diálogo entre un constructor y su público. Es el mismo desafío que anima todos los proyectos de Ricardo Bofill. Más allá de las teorías, lo que era preciso expresar era la experiencia de un hombre, su sensibilidad y sus dudas.

No podía tratarse de transcribir sin cambios un pensamiento que frecuentemente toma la forma de una metáfora. También era necesario seguir al artista en la tarea cotidiana, atravesar en su compañía el espacio que lo anima y al que anima, para permitir a Ricardo Bofill analizar su relación

personal con la creación. Recuerdo un paseo por
Broadway; otro en helicóptero, sobrevolando los
rascacielos de Nueva York; horas pasadas obser-
vando la luz bajo los cipreses de la Fábrica, en
Barcelona. ¿Trabajábamos todavía cuando me ex-
plicaba, en algún lugar de la Costa Brava, la be-
lleza de una cala de donde habría surgido quizá
la forma del teatro griego? ¿Y seguíamos hablan-
do de arquitectura por la noche, en los bares de
Barcelona?

Sin duda, porque en Ricardo Bofill la creación
no es más que la forma específica de un sorpren-
dente placer de vivir.

Jean-Louis André

Lista de colaboradores
1989

TALLER DE ARQUITECTURA
Barcelona - París - Nueva York

DIRECCION

Bertrand Julien-Laferrière (Grupo) - Juan Azcárate (España) - Denys Alapetite (Francia) - Timothy Holt (USA)

ARQUITECTURA - INGENIERIA - DISEÑO

Directores de Proyectos:
Peter Hodgkinson (concepción) - Paul Elliott (concepción) - Jose-Antiono Coderch (ejecución) - Jean-Pierre Carniaux (concepción) -Rogelio Jiménez (concepción) - Patrick Genard (concepción) - Thierry Recevski (diseño) - Ramón Collado (ejecución) - Annabelle d'Huart (diseño)

Jefes de Proyectos:
Michel Bacquelin (ejecución) - Jean-Marie Baudoui (ejecución) - Lee Hamptian (ejecución) - Jean-François Irissou (CAO) - Omar Migliore (concepción) - Boguslaw Mlotkowsky (concepción) - John Olesak (concepción) - Hilario Pareja (concepción) - José Patxot (ejecución) - Simon Platt (concepción) - José-María Rocias (concepción) - Gabriel Somssich (concepción) - Patrick Tavernier (ejecución) - Ramón Vivancos (ejecución) - Eduardo Wachs (concepción).

Arquitectos, Ingenieros, Diseñadores Técnicos:
Alex Alencastro (concepción) - Julio Alvaro (ejecución) - Pavel Andreev (ejecución) - Diana Baker (concepción) - Zoran Balog

255

(concepción) - Rodrigo Bilbao (concepción) - Blas Bruno (concepción) -Daniel Calatayud (concepción) - Patricia Camargo (concepción) - Isabel Coutinho (concepción) - Jean-Marie Domínguez (ejecución) - Bernard Dragon (diseño) - Rob Dubois (concepción) - Isabelle Ducloux (ejecución) - María-Carmen Font (ejecución) - Manuel García (ejecución) - Nabil Gholam (concepción) - Antonio Gonzáles (ejecución) - Vicente Gonzáles (ejecución) - Kevin Gooby (concepción) - Julian Hunt (concepción) - Alexander Karmensky (concepción) - Suichi Kobari (concepción) - Albert Lemoine (ejecución) - Moon Leong (concepción) - Olga Llevot (ejecución) - Francesc López (ejecución) - María López-Valido (concepción) - Juan Mamano (ejecución) - Alfredo Martínez (ejecución) - Leo Modrcin (concepción) - Mercè Monzonis (ejecución) - Conrado Morina (diseño) - Javier Oliva (ejecución) - Cristina Palles (concepción) - Kate Palluel (concepción) - Michel Renchon (concepción) - Alejandro Ríos (concepción) - Lydia Ripoll (ejecución) - Alexandra Rudeanu (concepción) - Luc Sebanne (concepción) - J.B. Sibertin-Blanc (diseño) - Stevislav Stpenanov (ejecución) - Suzanne Strum (concepción)

Asistentes, Maquetistas, Perspectivistas:
John Chu - Josep Cruelles - Cristina Esteban - Carlos Martínez - Patrice Masson - Oriol Rabat - Alexander Radunsky - Carlos Vasquez.

GESTION - ADMINISTRACION - DESARROLLO

Responsables:
Françoise Casanova - Aline Charransol - Nati Collado - Bartomeu Cruells - Tasio López - Marie-Laure Saulnier - Serena Vergano - Luc Vincent

Asistentes:
Dominga Alcázar - Laura Bargues - Nadine Beneyton-West - Lisa Berns - Florence Besse - Montserrat Bonet - Nina Garfinkel - Consuelo Gracia - María Hierro - Phan Hoang Khai - José-María Hortiguela - Claudie Jacquet - Candace Langholff - Rohaiza Latiff - Sébastien Leclerc - Josep-Maria López - María Jesús Oyaga - Emilio Romo - María-Rosa Sánchez - Alejandro Sauzor - Victoria Turmo

SOCIOS Y GRUPOS ASOCIADOS

Arquitectos - Ingenieros - Asesores
1980-1989

ARQUITECTOS ASOCIADOS

Auerbach (San Francisco) - Bregman/Hamann (Toronto) - Brodzki (Bruselas) - Claman (Nueva York) - Destefano/Goettsch (Chicago) - Emery Roth (Nueva York) - Eistein (Chicago) - Groep 5 (Reykjavik) - Herkommer (Estocolmo) - Hypolite/Longo (Metz) - Inbo (La Haya) - Irak Consult (Bagdad) - Kajima (Tokio) - Kendall/Heaton (Houston) - Khoury (Beirut) - Lenprojekt (Leningrado) - Mosprojekt 1 (Moscú) - Parkins/Wills (Chicago) - Rechter (Tel Aviv) - Saud Consult (Riad) - Schnadelbach (Nueva York) - Solomon (San Francisco) - Tsniiep (Moscú) - Vanderstukken (Bruselas)

INGENIEROS ASOCIADOS

ABCB (París) - Arcora (París) - Arnaud (París) - Aury (París) - Benoit (París) - Beterem (Montpellier) - Candella (Madrid) - Castiglioni (Milán) - CHP (Houston) - Cohen-Barreto (Chicago) - Collins (París) - Commins (París) - Cotas (Barcelona) - Coteba (París) - Delogne (Bruselas) - ECE (Toronto) - EDS (Chicago) - Edward/Zuck (Nueva York) - Gesoud (Barcelona) - Gros (Toulouse) - Hidi (Toronto) - Intecsa (Madrid) - JG Asociados (Barcelona) - Kajima (Tokio) - Kirkegaard (Houston) - Lacombe (París) - Lavalin (Montreal) - Muller (París) -Naco (Amsterdam) - OTH (París) - Ove-Arup (Londres) - Projeco (Bruselas) - Raskin (París) - I. M. Robbins (Nueva York) - Rossenwasser (Nueva York) - SCET (París) - Scenarchie (París) - Scetauroute (París) - Semed (París) - Serra (Perpiñán) - SGTE (París) - Sogelerg (París) -TT.19 (Barcelona) - Trouvin (París) - Uteba (París) - Weidlinger (París) - Xu Yaying (París)

ASESORES

Borde (París) - Coblence (Nueva York) - Coudert (Moscú) - Cremades (Madrid) - Domenach (París) - Dutreux (Moscú) - Guall (Barcelona) - Guillaume (París) - Jouanneau (París) - Lepatner (Nueva York) - López (Barcelona) - Raffin (París) - Rassat (París) - De Richemont (París) - Saint-Geours (París) - Veil (París)

Cronología de los trabajos

Selección de proyectos y realizaciones del Taller de Arquitectura

1960   **CASA DE VACACIONES**
Proyecto de casa de vacaciones en Ibiza, España.

1962-1964   **EL SARGAZO**
Realización de un programa de viviendas en Barcelona, España.

1962-1963   **CALLE COMPOSITOR BACH, 28**
Realización de un edificio de apartamentos en Barcelona, España.

1963-1965   **CALLE NICARAGUA, 99**
Realización de un edificio de apartamentos en Barcelona, España.

1964-1968   **BARRIO GAUDI**
Realización de un conjunto de 600 viviendas y equipos de acompañamiento en Reus, España.

1966   **CLUB MAS PEY**
Proyecto de parque y club deportivo en la Costa Brava, España.

1966-1967   **FABRICA DE GRANOLLERS**
Realización de una fábrica de productos químicos en Barcelona, España.

1966-1968   **CASTILLO DE KAFKA**
Realización de viviendas de vacaciones en Sitges, España.

1969-1971   **XANADU**
Realización de un programa de viviendas al borde del mar en Calpe, España.

1970-1972	**LA MURALLA ROJA** Realización de un programa de viviendas al borde del mar en Calpe, España.
1970-1972	**LA CIUDAD EN EL ESPACIO** Proyecto de un conjunto inmobiliario de 1.500 viviendas en Madrid, España.
1970-1975	**WALDEN 7** Realización de un gran plan de acondicionamiento y 400 viviendas sociales en las afueras de Barcelona, España.
1971	**LA PETITE CATHEDRALE** Proyecto de un conjunto monumental de 1.000 viviendas en Cergy-Pontoise, Francia.
1973	**LA CITTADELLE Y LA MAISON D'ABRA-XAS** Proyecto de un conjunto de 1.200 viviendas y de renovación de una antigua ciudadela en Saint-Quentin-en-Yvelines, Francia.
1973	**MONT-RAS** Realización de la casa de vacaciones del Sr. Emilio Bofill en la Costa Brava, España.
1973-1975	**LA FABRICA** Transformación de una antigua fábrica de cemento en agencia de arquitectura para el Taller de Arquitectura.
1974	**CENTRE DU POINT M** Proyecto de acondicionamiento comercial y de oficinas en la Défense, Francia.
1974-1976	**LA PIRAMIDE** Proyecto y realización de escultura monumental en homenaje a Cataluña, en la frontera franco-española.
1974-1978	**EL SANTUARIO DE MERITXELL** Gran proyecto de acondicionamiento de un valle en los Pirineos andorranos, y realización de un centro religioso.

1975   **EL EJE LOUVRE-LA DEFENSE**
Estudios de urbanismo y acondicionamiento para el eje Louvre-La Défense.

1975-1978   **LES HALLES**
Proyecto de acondicionamiento del viejo barrio de Les Halles y proyecto de viviendas y parque, París, Francia.

1976   **CASTRO NOVO**
Plan de urbanismo y acondicionamiento de un barrio de 7.000 viviendas en Santander, España.

1976   **GASTEIZBERRI**
Concurso para el acondicionamiento de un barrio residencial y un centro municipal y comercial en Vitoria-Gasteiz, España.

1977-1978   **ALDEA AGRICOLA HOUARI BOUMEDIENE**
Realización de una aldea agrícola de 350 viviendas en el sur de Argelia, Abadla, Argelia.

1977-1980   **PROYECTOS EN ARGELIA**
Abadla: proyecto de ciudad lineal.
Bechar: proyecto de extensión de la ciudad.
Mostaghanem-Oued-Riou-Relisam: proyectos para diferentes pueblos con un total de 6.000 viviendas.
Al-Nadja: proyecto de 7.000 viviendas cerca de Argel Rouiba: residencia de estudiantes.
Sidi Bel Abbès: proyecto de centro administrativo.

1977-1980   **LES ARCADES DU LAC**
Realización de 600 viviendas sociales en Saint-Quentin-en-Yvelines, Francia.

1978-1980   **LE VIADUC**
Realización de 74 viviendas sociales en Saint-Quentin-en-Yvelines, Francia.

1978-1989   **ANTIGONE**
Proyecto de concepción general del barrio de Antigone (350.000 m^2) en Montpellier, e intervención en la operación en calidad de arquitecto en jefe.

1979-1984   PLACE DU NOMBRE D'OR
Realización de 288 viviendas sociales para la operación de Antigone, Montpellier, Francia.

1978-1982   LE PALAIS D'ABRAXAS
Conjunto monumental de 441 alojamientos sociales en Marne-la-Vallée y primera fase de una operación de acondicionamiento llamada Les Espaces d'Abraxas, Francia.

1980-1983   LE THEATRE Y L'ARC
Conjunto de 150 viviendas sociales en Marne-la-Vallée, y segunda fase de la operación de acondicionamiento Les Espaces d'Abraxas, Francia.

1979-1989   ACONDICIONAMIENTO EXTERIORES DE ANTIGONE
Acondicionamiento de los espacios públicos, plazas, calles, jardines, riberas del Lez, plano de agua y mobiliario urbano para el barrio de Antigone en Montpellier, Francia.

1980   MINISTERIO DE ASUNTOS EXTERIORES (RIYADH)
Segundo premio para el concurso internacional, por invitación.

1980   ROTTERDAM
Proyecto de 300 viviendas y equipos de acompañamiento en Rotterdam, Holanda.

1980-1985   LES ECHELLES DU BAROQUE
Conjunto de 272 viviendas de renta en el distrito XIV, París, Francia.

1981   LOS JARDINES CLASICOS L ENSANCHE
Segundo premio en el concurso de arquitectura y ordenación de un gran parque urbano en Barcelona, España.

1981-1988   LOS JARDINES DEL TURIA
Proyecto de reestructuración de la ciudad de Valencia (España), proyecto de ordenación de un jardín de 8 km de largo y realización de un primer tramo (30 % de la operación), Valencia, España.

262

| 1981 | **LA CASA TEMPLO** |
| | Proyecto de una casa individual industrializada para la sociedad Casa Fénix. |

| 1981-1986 | **LES COLONNES DE SAINT-CHRISTOPHE** |
| | Realización de un conjunto de 380 viviendas sociales en Cergy-Pontoise, Francia. |

| 1981-1988 | **MOBILIARIO URBANO** |
| | Estudio y realización de una gama de mobiliario urbano en hormigón arquitectónico. |

| 1982 | **BAL-EL-SHEIK-ZONE 6** |
| | Proyecto de barrio residencial y comercial de 50.000 m^2 en el centro de Bagdad, Irak. |

| 1982 | **GRAN MEZQUITA DE ESTADO** |
| | Laureado en el concurso internacional de arquitectura por la realización de la mayor mezquita del mundo en Bagdad, Irak. |

| 1982 | **PARQUE DE MONTIGALA** |
| | Proyecto de jardín en Barcelona, España. |

| 1982 | **PARC DE LA VILLETTE** |
| | Participación en el concurso internacional del parque de la Villette. |

| 1982-1987 | **LES TEMPLES DU LAC** |
| | Segunda fase del proyecto de Saint-Quentin-en-Yvelines, con 200 viviendas construidas en torno al lago, Francia. |

| 1983 | **TETE DE LA DEFENSE** |
| | Participación en el concurso para el acondicionamiento de la Tête de la Défense, Francia. |

| 1983 | **LA CASA LAFON** |
| | Proyecto de casa de vacaciones para la familia Lafon, Marrakech, Marruecos. |

| 1983 | **CHRISTIAN DIOR** |
| | Diseño de un frasco de perfume. |

| 1983 | **EXPOSICION UNIVERSAL 1989** |
| | Proposiciones para una reordenación de las riberas del Sena, París, Francia. |

263

1983   **SEDE SOCIAL BOUYGUES**
Participación en el concurso de arquitectura para la nueva sede social de la empresa Bouygues, Saint-Quentin-en-Yvelines, Francia.

1984   **COMPLEJO OLIMPICO**
Participación en el concurso para el complejo de los Juegos Olímpicos de Barcelona (colaureado), España.

1984-1989   **INEF**
Realización del Instituto Nacional de Educación Física en el marco de los Juegos Olímpicos de 1992 en Barcelona, España.

1984-1989   **EL PARQUE DE L'AIGUERA**
Proyecto y realización de un importante parque urbano en el centro de la ciudad, Benidorm, España.

1984   **PORNICHET**
Participación en el concurso para el proyecto hotelero-talasoterapéutico a orillas del mar en Pornichet, Francia.

1984   **DOMINIO PROPIEDAD PEGASO**
Participación en el concurso internacional, por invitación, para la realización de una residencia privada y una bodega en Napa Valley, California, USA.

1984   **BANCO DE LOS ESTADOS DE AFRICA CENTRAL (BEAC)**
Participación en el concurso para la sede social de la BEAC en Yaundé, Camerún.

1984   **CENTRO CIVICO DE ESCONDIDO**
Participación en un concurso de urbanismo para el acondicionamiento del centro de Escondido en California del Sur, USA.

1984   **CONSEJO DE COOPERACION DE LOS PAISES DEL GOLFO (GCC)**
Participación en el concurso, por invitación, para la sede del GCC en Riyadh, Arabia Saudí.

264

1984-1986	**PRODUCTOS INDUSTRIALIZADOS DE SEGUNDA OBRA**

1984-1986 PRODUCTOS INDUSTRIALIZADOS DE SEGUNDA OBRA
Estudios de diseño y puesta a punto industrial de productos de acabado y revestimiento para el mercado de viviendas sociales.

1984 PLACE CIRCULAIRE XIVe
Proyecto de ordenamiento de la plaza de Séoul en el distrito XIVe, París, Francia.

1984-1988 LES ECHELLES DE LA VILLE
Realización de un inmueble de oficinas para la operación de Antigone, Montpellier, Francia.

1984 TIMES SQUARE
Proposición de reacondicionamiento de Times Square en Nueva York, USA.

1984-1985 SODRA STATION
Laureado en el concurso de arquitectura para la reestructuración de la zona sur de Estocolmo, y realización de un proyecto de 400 viviendas de hormigón arquitectónico, Estocolmo, Suecia.

1984-1989 PORT JUVENAL
Realización de una operación de 400 viviendas en el barrio de Antigone, Montpellier, Francia.

1985-1989 HOTEL DE LA REGION LANGUEDOC-ROUSSILLON
Realización del nuevo Gobierno Regional en la zona de Antigone, Montpellier, Francia.

1985 AUDITORIUM DE METZ
Realización de un Auditorium de 1.500 localidades en un antiguo arsenal militar, Metz, Francia.

1985 CIUDAD DE RIYADH
Participación en el concurso para la reestructuración del viejo centro de Riyadh, proyecto de la nueva mezquita, el palacio de justicia, el centro cultural y la gran plaza pública, Riyadh, Arabia Saudí.

1985   JEFFERSON TOWER
Proyecto de torre en Nueva York, relacionado
con el Museo de Arte Moderno, Nueva York,
USA.

1985   CONDOMINIUM NEW YORK
Proyecto de 120 viviendas en el Upper West
Side, Nueva York, USA.

1985-1989   ATRIUM DES ETANGS
Realización de la nueva sede social de la compañía Swift y diseño y arreglos interiores y del
mobiliario, Bruselas, Bélgica.

1985   HOTEL ROYAL
Proyecto de alojamiento de lujo en La Baule,
Francia.

1985   LOS FRATRES
Proyecto de urbanismo para un barrio de viviendas en Cáceres, España.

1985   LA CORUÑA
Proyecto de urbanismo y reestructuración de la
ciudad de La Coruña, España.

1985   LA COMELLA
Proyecto de estación turística y de deportes de
invierno en Andorra.

1985   INSTITUTO MEDITERRANEO DE TECNO-
LOGIA
Participación en el concurso del IMT en Marse-
lla, Francia.

1985-1986   PORT IMPERIAL
Proyecto de 3.000 viviendas de *standing* a orillas del Hudson frente al *midtown* de Manhattan, Nueva York, USA.

1986-1990   AEROPUERTO DE MALAGA
Proyecto y realización del nuevo aeropuerto de
Málaga, España.

1986   SINAGOGA
Proyecto de sinagoga en Jerusalén, Israel.

1986 RUEIL 2000
Proyecto de acondicionamiento para el nuevo barrio financiero de la ciudad de Rueil-Malmaison, Francia.

1986-1991 HOTEL MIRAMAR
Proyecto y realización futura de un hotel de gran lujo en Barcelona, España.

1986-1993 MARCHE SAINT-HONORE
Reestructuración de la plaza del Mercado de Saint-Honoré y realización de una operación de oficinas y comercios de prestigio, París, Francia.

1986 CARRY LE ROUET
Proyecto de desarrollo de una zona residencial de 5.000 viviendas al borde del mar cerca de Marseille, Francia.

1986 (EN CURSO) BORDEAUX LA BASTIDE-RIVE DROITE
Proyecto de acondicionamiento de un barrio de 45 hectáreas frente al Garonne, Burdeos, Francia.

1986 (EN CURSO) MONCHYPLEIN
Proyecto de 800 viviendas en el centro histórico de La Haya, en los terrenos del antiguo ayuntamiento, Holanda.

1986 (EN CURSO) SAUDRNIN-LONHMAN PLEIN
Proyecto de un eje construido en La Haya, Holanda.

1986-1987 PARFUMS ROCHAS
Realización de una nueva fachada para el inmueble Rochas, Rue François I^e, París, Francia.

1986 (EN CURSO) PORT MARIANNE
Proyecto de barrio (550.000 m^2) en fase de estudio para la ciudad de Montpellier, Francia.

1987   CENTRAL PARK NORTH
Estudio de reestructuración de Harlem y reacondicionamiento de la fachada de North Central Park, Nueva York, USA.

1987-1989   87TH STREET
Proyecto y realización de un pequeño conjunto de 20 alojamientos en el Upper East Side, Nueva York, USA.

1987-1989   FUNDACION THYSSEN
Proyecto de transformación, y construcción de un anexo, de un antiguo monasterio en zona de exposición para las pinturas de la Fundación Thyssen.

1987-1989   ESCULTURA
Proyecto de monumento en el centro de la ciudad de Vic, España.

1987-1991   TEATRO NACIONAL DE CATALUÑA
Proyecto y realización del nuevo Teatro Nacional en Barcelona, España.

1987-1989   AIRE DES VOLCANS
Proyecto de un área de la autopista A-71 cerca de Clermont-Ferrand, con ordenación de 30 hectáreas y realización de pequeñas construcciones, Francia.

1987-1990   ESCUELA DE MUSICA SHEPHERD
Realización de la escuela de música y auditorio de la Universidad de Rice en Houston, USA.

1988-1991   AEROPUERTO DE BARCELONA
Reestructuración y ampliación (120.000 m^2) del aeropuerto de Barcelona, España.

1988-1990   EDIFICIO DECAUX
Construcción de un edificio de oficinas para la compañía J. C. Decaux en Neuilly-sur-Seine, Francia.

1988   CENTRE DE BEAUTE-SANTE
Participación en el concurso de arquitectura en Vichy, Francia.

268

1988   **JARDIN DE LAS ESCULTURAS**
Proyecto de jardín de esculturas en Jerusalén, Israel.

1988-1990   **PAX**
Realización de un conjunto de viviendas de lujo en Rijswijk, Holanda.

1988-1990   **RESIDENCIA BORNEOSTRATT**
Realización de una residencia para ancianos en La Haya, Holanda.

1988   **WALDEN 7**
Proyecto de urbanismo y ordenación que comprende un parque, un centro cultural y 300 viviendas cerca de Barcelona, España.

1988-1991   **AYUNTAMIENTO DE BENIDORM**
Realización del nuevo ayuntamiento de Benidorm, España.

1988   **TORRE DE COMUNICACIONES**
Participación en el concurso de arquitectura para la Torre de Comunicaciones de Barcelona, España.

1988   **REFORMA DE LA LEY DE INGENIERIA EN ESPAÑA**
Estudio realizado para el Ministerio Español de Obras Públicas y Urbanismo (MOPU).

1988   **DOCKLAND DE LONDRES**
Participación en el concurso de arquitectura para la zona oeste de Canary Wharf, Londres, Gran Bretaña.

1988   **KHABORVSK-VLADIVOSTOK**
Participación en la puesta a punto de estudios de ingeniería industrial para la venta en la URSS de un complejo industrial de viviendas prefabricadas.

1988   **PASSY**
Participación en el concurso de arquitectura para el barrio de Passy en París, Francia.

1988   **BEIRUT**
Proyecto de ordenamiento del nuevo Beirut en 500 hectáreas de acarreo ganadas al mar, Líbano.

1988-1990   **LE MOULIN**
Proyecto y realización de un edificio de vivienda en la zona de Antigone en Montpellier, Francia.

1988-1989   **DISEÑO INDUSTRIAL**
Colección de mobiliario y diseño de productos industrializados para las sociedades Voko (Bélgica), Froscher (Alemania), Cassina (Italia), Tecno (Italia), de Poortere (Bélgica), Casas (España), Durlet (Bélgica), Light (Bélgica), Gabianelli (Italia), Bardelli (Italia), Essef (Francia), Habitat (Francia), Philips (España), Milus (Suiza), Faram (Italia), Noël (Francia).

1988   **BATTERY PARK CITY**
Proyecto de construcción en el sur de Manhattan de 400 apartamentos sociales utilizando nuevas tecnologías, para el estado de Nueva York, USA.

1988   **DES PLAINES**
Proyecto de urbanismo para el centro de la ciudad de Des Plaines, y realización de 300 alojamientos para ancianos, Illinois, USA.

1988-1991   **HOTEL G3I**
Realización de un hotel y un programa de oficinas en la zona de Antigone en Montpellier, Francia.

1988   **AEROPUERTO INTERNACIONAL KANSAI**
Participación en el concurso restringido para el nuevo aeropuerto de Osaka, Japón.

1989   **BARRIO INTERNACIONAL NOVO-PODRESKOVO DE MOSCU**
Lanzamiento de los estudios para un barrio de 500.000 m^2 en Moscú, URSS.

1989-1991   **OFICINAS MOSCU**
Proyecto y realización de un edificio de oficinas de 50.000 m^2 en el centro de Moscú, URSS.

1989   **MARINA DE SEVILLA**
Proyecto de equipamientos urbános a orillas del Guadalquivir, que comprende un hotel, apartamentos de *standing* y comercios, Sevilla, España.

1989   **CAMPO DE LAS NACIONES**
Participación en el concurso de arquitectura para un parque de actividades, un hotel y oficinas en Madrid, España.

1989   **HOPITAL SAINT-LOUIS**
Participación en el concurso para la remodelación del antiguo hospital Saint-Louis, París, Francia.

1989-1991   **RUE DE L'UNIVERSITE**
Realización de un inmueble de oficinas para la compañía de seguros Gan, en París, Francia.

1989-1991   **TORRE 77 WEST WACKER**
Realización de una torre de 110.000 m^2 en el centro de Chicago, USA.

1989-1992   **CENTRO FINANCIERO**
Proyecto y realización del centro financiero en la zona de Antigone en Montpellier, Francia.

1989   **EDIFICIO LE FRANÇOIS MIREUR**
Proyecto de un edificio de vivienda para la operación Port Marianne en Montpellier, Francia.

1989-1991   **VILLA OLIMPICA**
Realización de una parte de la villa olímpica para los Juegos Olímpicos de 1992 en Barcelona, España.

1989   **VIEJO PUERTO DE MONTREAL**
Proyecto de reestructuración del viejo puerto de Montreal, Canadá.

1989-1991   **ALOJAMIENTO DE STANDING EN BRU-SELAS**
Realización de un edificio de viviendas de *standing* en Bruselas, Bélgica.

1989-1991   **EDIFICIO CALLE DIPUTACION**
Reestructuración de un inmueble de oficinas para el Gan, en Barcelona, España.

1989   **HOTEL DEL AEROPUERTO**
Proyecto de un hotel de 350 habitaciones en la zona del aeropuerto de Barcelona, España.

1989   **PIERRE ET VACANCES**
Proyecto de estación balnearia en el municipio de la Croix Valmer y Cavalaire, Francia.

1989   **SWIFT 3**
Estudios preliminares para el nuevo centro de investigaciones y centro operativo de la sociedad Swift en Bruselas, Bélgica.

1989-1992   **RESIDENCIA OFICIAL PARA LA GENE-RALITAT DE CATALUNYA**
Proyecto y realización de la residencia oficial de los invitados de la Generalitat de Catalunya en Barcelona, España.

1989   **BIBLIOTECA NACIONAL DE FRANCIA**
Participación en el concurso restringido para la nueva biblioteca de Francia en París, Francia.